# 走進許文龍的雕塑世界

總策畫／林佳龍
文　字／歐陽辰柔

導讀

# 走進許文龍的雕塑世界

林佳龍訪談側記

我有一次來到許文龍位於臺南的家裡，意外地看到他親手在工作臺上雕塑一座銅像，那是臺南當地一位慈善家林澄輝的銅像。他一面看著照片，唯妙唯肖的臉孔便逐步在他手中捏塑完成，他接著熟練地替泥胚噴水保存，準備送去製作模具。

我內心不禁生出驚訝與好奇，我所認識的許文龍，並不是一位崇拜偉人的人，而銅像的設立，往往意味著對一位人物的景仰與讚頌。我很好奇，這樣一位反對偶像崇拜的他，為什麼會想要去雕塑一尊銅像？當下的疑問，隨著我的探索與了解，逐漸引領我進入他的精神世界，並成為策畫本書的契機。

在這些雕像背後，我看見了許文龍內心深處對於人性光輝的敬仰。對他而言，所謂的「偉人」，並不在於頭銜、權勢或地位，而是他們甘於犧牲奉獻，願意為社會貢獻心力的精神價值。他雕塑的對象，或許不是家喻戶曉的名人，卻是他心目中真正值得尊敬的人。這些人物可能是臺灣歷史上一位默默耕耘的工程師、一位為教育或醫療奉獻一生的傳教士，或是為社會正義挺身而出的小人物。正是這些人，不論其社會地位，體現了許文龍對歷史和社會價值的理解。因此，他的雕像不僅是一件藝術作品，更是臺灣文化與歷史的見證。

在本書所收錄的雕像中，有一座對我來說深具意義，那便是日籍工程師磯田謙雄的雕像。一九三二年，磯田謙雄克服萬難在臺中新社開發創建了突破性的水利設施——白冷圳，為這片土地引進了重要的灌溉水源。我在擔任臺中市長期間，特別請許文龍為這位工程師雕塑一尊銅像，以紀念他對臺中水利建設的貢獻。白冷圳帶來的不僅僅是水資源，更是一種「飲水思源」的提醒，讓我們感念那些為臺灣土地默默奉獻的前人。

在許文龍的作品之中，我們看到的是一位藝術家對社會的關懷和敬意，也看見了他對待歷史的態度。每一座雕像背後的故事，都訴說著不同時代的艱辛與奉獻，喚起我們對於那些曾經走在這片土地上的前人記憶。正因如此，我深感這些雕像值得被珍視，希望能透過這本書將它們呈現給更多讀者。

本書的編排，從雕像人物的歷史背景到雕塑起源的事由花絮，都旨在引領讀者走進這位藝術家的精神世界。透過這些作品，我們不僅能感受到一位企業家對藝術與文化的熱愛，更能窺見他對臺灣歷史的深刻理解與敬意。許文龍一生投入在塑膠事業中，然而他並未止步於企業家的角色，而是透過雕塑這樣的藝術形式，延續並傳承他對臺灣這片土地的深情。他用他的雙手，雕塑出一段段臺灣的歷史，同時也在雕刻著他內心深處的價值觀和信念。

許文龍過世後，他的價值觀與生活哲學，在我身邊依然鮮活，默默地引領我前行。他親筆寫下的一句話：「自由自在，第一幸福」，最能概括他一生的價值觀。他始終追求一種精神上的自由，對於生活無所牽絆，內心坦然自若。他如荀子所言「役物，而不役於物」，作為一家大企業的創辦人，卻不被物質或權位所束縛，始終秉持著「即使失敗，即使歸零，也無所謂」的無畏心態。也正是這種心態，讓他能將對於生命的探索擴展到無限大。

期盼這本《走進許文龍的雕塑世界》能讓更多人理解許文龍作品背後的思考與意義，進一步認識臺灣這塊土地上的歷史故事。本書的完成，過程中謝謝許多人的參與和協助，特別感謝奇美博物館顧問紀慶玟先生提供第一手資料，編輯顧問謝敏芳、李明峻提供歷史文件及圖片，以及責任編輯洪聖翔協助彙整資料。謝謝本書撰文者歐陽辰柔將這些人物故事以引人入勝的文字撰寫下來，還有曾拍攝過許文龍雕塑紀錄片的洪維健導演（已故）替我們先行架構了此書的內涵，以及秀威資訊總經理宋政坤在長達兩年的籌備期中持續推動出版此書。我相信，許文龍的精神價值，以及從人民出發的史觀，將透過這本書紀錄留存，成為臺灣人心中的珍貴記憶。

許文龍替捏好的泥塑像噴水，我當時還誤會，想說為什麼要破壞剛做好的成品？原來這只是捏塑過程的必要步驟，避免泥土龜裂。（口述、照片提供：林佳龍）

對我來說，許文龍好像離開了，又好像沒有。我彷彿可以隨時回到那無數個與他對談的夜晚，暢談歷史、小提琴、釣魚與奇美文化，彼此的人生哲學與價值觀隨興地交流碰撞、絲毫沒有壓力。那一刻，我們自由自在。（口述、照片提供：林佳龍）

編者言

# 情懷與藝術交織的真善美人生

本文整理自許文龍部分秘書及好友的訪談

創辦人年逾七十後，除固定參與星期一公司主管晨報外，幾乎不再過問公司營運，享受半退休生活，但依然充滿熱情與活力。滿檔的行程包含了釣魚、晨泳、聽音樂和歌劇、彈奏樂器等。每逢周末閒暇時，創辦人總會邀集喜愛歌唱的朋友們齊聚一堂，同聲歡唱。據日本漫畫家小林善紀在《臺灣論：新傲骨精神宣言》（二〇〇一年）所述，那是個有趣的小型合唱團，成員來自各行各業，大家以歌會友，演唱臺灣、日本及世界民謠。創辦人常一邊指揮、一邊拉小提琴伴奏，彷彿將大家帶回到無憂無慮的童年時光。一九九九年，世界知名大提琴家馬友友來臺南借琴時，兩人見面還未寒暄，創辦人拿起小提琴便以熱情的音樂迎賓，馬友友也即興拉大提琴加入主奏，現場頓時變成了一場音樂會。這段記憶至今令人難忘，甚至可在 YouTube 上找到影片。

二十多年前，創辦人偶然來到臺南山上鄉的自來水廠，發現那裡有幾棟日治時期大正年間建造的紅磚建築物。他好奇地探訪，才知道這些建築原來是自來水公司的淨水場。創辦人在雜草叢生的地方發現一座石碑基座，基座上方空無一物，一旁傾毀的石碑則依稀能辨認出「飲水思源」四個字，基座後面的碑文已經斑駁無法辨識。他感到疑惑，經過向場方詢問後，得知這裡曾經安置過一座銅像，那是紀念被譽為「都市の医師」的濱野彌四郎技師的雕像，但如今卻已經不知去向。

創辦人小時候曾聽父親說起，家族中的曾祖父與祖父都活不過三十歲，當時臺灣住民的平均壽命也只有四十歲左右，主要原因是缺乏清潔飲用水和完善的排水設施，衛生狀況極為惡劣。臺灣那時被稱為瘴癘之地，瘧疾、霍亂、鼠疫等傳染病肆虐，聲名狼藉。後藤新平時期，蘇格蘭人巴爾登先生來到臺灣，帶著剛從日本帝國大學畢業的濱野彌四郎，一同規劃上、下水道的建設。巴爾登為了尋找水源，經常在荒野中奔波，但不幸染上瘧疾，回日本後久治不癒去世。隨後，濱野接下了這項艱鉅的任務，在更加惡劣的條件下繼續工作。

創辦人無意間聽聞濱野彌四郎的故事後，深受感動。他感念濱野對臺灣的貢獻，立下宏願，要親自為他重塑銅像，並將其安放在臺南山上鄉淨水場的紀念基座上。這份心願，是出於對歷史的感恩與回報，正是創辦人雕塑銅像的「初心」，源自他心中那股深沉的感恩之情。

創辦人曾在新加坡生活，他觀察到當地保留了許多紀念英國殖民者的文化遺產。這些紀念形式主要體現在街道命名和銅像塑造上，這種做法不僅保存了歷史記憶，也為後人提供了了解和思考新加坡殖民時期歷史的機會。同樣，印度也保留著英國有功人士的紀念銅像。創辦人認為，對臺灣有貢獻的人，無論國籍、種族，都應該被臺灣人尊敬和紀念。然而，很多人誤解，以為他只雕塑紀念日本人。事實上，他所雕塑的對象來自各個背景——例如來自浙江寧波、對地方教育有貢獻的沈光文，帶領臺灣進入現代西醫技術的英國醫生馬雅各，為臺灣盲者指路的蘇格蘭宣教師甘為霖，將痲瘋病患者視為家人的臺灣媳婦鄧璐德（來自美國德州），以及許多曾在臺灣這片土地上受苦、受難、奉獻的無名英雄。透過雕塑，創辦人表達了他內心深深的感懷與敬意。

創辦人酷愛繪畫，他說過：「繪畫與雕塑是一體的兩面。」正因如此，對他來說，雕塑並沒有在技術上帶來太多困難，反而成為他另一種表達藝術的方式。創辦人同時熱愛音樂，他曾經回憶，小學四年級時，姊姊帶他去看無聲電影（默片），當現場演奏舒曼的《夢幻曲》時，他彷彿聽到來自天上的聲音，一切都讓他內心深深感動。這段經歷讓他對音樂有了難以磨滅的印象。

結合了繪畫、音樂和雕塑，對創辦人有深刻了解的樂友說，「創辦人一生所追求的，就是『真善美』的精神。而這份精神，他不僅體現在藝術創作中，更融入了他對人群、生命與世界的態度中，成為他生活的核心價值。」

編者在採訪過程中，曾問過一位已經跟隨他二十多年的秘書說，如果用一句話來形容創辦人，那會是甚麼？他說：「創辦人是一位富有同情心，生活簡單、幽默且浪漫的雙魚座。」

本書能夠順利出版，編者在此要特別感謝奇美博物館顧問紀慶玟先生，他提供大量歷史資料、照片及新聞稿等等。在創辦人辭世即將滿周年之際，相信這本書能夠付梓出版，創辦人在天之靈一定會感到無比欣慰。

許文龍的繪畫及雕塑工作室一角。（紀慶玟提供）

許文龍自小喜愛音樂及學習彈奏樂器，於就讀臺南高工時，就已組成學生樂團，樂器包括小提琴、吉他、曼陀林、手風琴等，甚至自己擔任樂團指揮。1995 年 10 月 1 日，「奇美曼陀林樂團」在奇美基金會的資助下成立，便是源於許文龍自身對於音樂的熱愛。（資料來源：奇美博物館；紀慶玟提供）

這張照片將許文龍置於他用一生所實踐的奇美博物館前，凝望著繪製在地面上的羅丹雕像「沉思者」（Le Penseur）。儘管他事業輝煌，他關注的始終是弱勢群體，這是母親對他的深遠影響。他的理想是讓看似遙遠的藝術融入人們的日常生活。（紀慶玟提供）

# 目次

奉

獻

# 建設臺灣

一

生

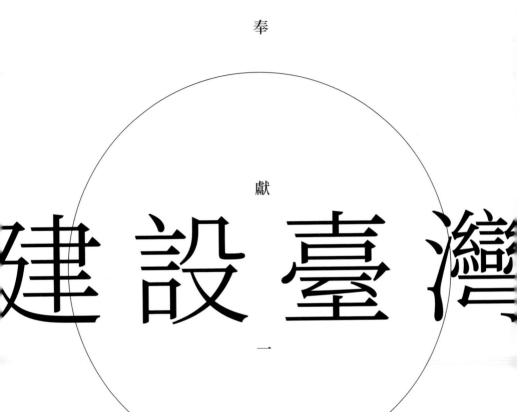

## 濱野彌四郎

# 讓乾淨的飲用水，不再是奢侈事

「濱野，你願意和我一起到臺灣工作嗎？」

一八九六年，曾任東京帝國大學教師的英國衛生工程專家威廉巴爾頓（William Kinninmond Burton），詢問學生濱野彌四郎。

當時，受到內務部衛生局長後藤新平的推薦，巴爾頓準備來臺進行水道衛生工程的建設，急需一位得力助手，他立刻就想到這位即將從東京帝國大學土木工學科畢業的優秀學生。

濱野彌四郎老家在日本千葉縣，幼時家鄉曾受霍亂侵襲，他也飽嘗痛苦。

其養父濱野昇是一八九〇年代唯一具備醫師身分的國會議員，曾對濱野彌四郎

說，都市就像人體，健康的都市需要乾淨的飲用水，衛生工學即是確保都市生活的技術，從事這種工作的人，宛如都市的醫生。這番話，奠定了濱野彌四郎投入衛生工程的志向。

也因為有這份決心，當他收到恩師偕同赴臺的邀約時，很快就答應了。這一待，超過二十年。

## 恩師病逝，承襲遺志展開全島工程

在那個年代，來臺灣是一件賭命的事。

由於氣候炎熱，加上衛生條件不佳，臺灣充斥各種傳染病，被視作瘴癘之島。接管臺灣並平息紛爭的過程中，日本兵因為染疾而喪命的人數，遠遠多過戰死沙場的人數。這讓臺灣總督府十分頭痛，打定主意在推動建設之前，先改善衛生條件。

經過調查，臺灣人普遍仰賴河川溝渠取得平日的飲用水，來源清濁不分，很容易被感染。如何大規模供應乾淨的水源，成為當務之急。威廉巴爾頓和濱野彌四郎這對師生檔，無懼染病，上山下溪，甚至遠赴澎湖，勘查島上水源的狀況。還曾遭到原住民意圖以武裝攻擊。而後，從基隆開始，著手設計現代化的水道。

沒想到，正當一切都上軌道，準備正式開工之時，威廉巴爾頓卻不慎罹患瘧疾。原本想暫時休假並返回英國，未料在日本停留時，病情急遽惡化，於一八九九年病逝。

這件事帶給濱野彌四郎相當大的衝擊。自己視作楷模的恩師，就這樣離開人世間，該如何是好？但堅強的他轉念一想，如果這時放棄，過去的努力不都白費了嗎？恰好後藤新平也從日本前來擔任臺灣民政長官，提供很大的援助，濱野彌四郎重新提起精神，依照設計圖，以暖暖作為水源地，再巧妙活用山坡的斜度，把處理過的水導入淨水池，再送至基隆各地，完成了基隆水道的興建。

此後，又陸續完成包括臺北、嘉義、高雄、臺南各地的水道工程。全臺灣總計多達一百三十三處的水道建設，都有他指導或參與。

靠著這些工程，臺灣的流行病大幅降低，一躍成為現代化的衛生島嶼。特別是鋼筋混凝土的臺北供水和汙水系統完工時，東京和名古屋都還沒有這樣的建設，可見其先進程度。

## 一送二十公里的先進水道

若要了解濱野彌四郎在水道衛生工程的專業，如今保存完善的臺南供水系統是最好的例子，也是他集大成的作品。

這項工程耗時十年。落成的供水系統，能從曾文溪取水，再進行過濾、沉澱、淨水。之後也不用額外的電力和加壓，光靠地勢高低的落差，就可以把水一路引導到臺南市內。供水系統與當時市中心的標誌性建築林百貨，相距多達二十公里，跨越如此長距離而不受阻礙，足見這項工程技術的卓越程度。據說，當時臺南市人口不過三萬人，這套水利系統卻能供應多達十萬人的需求，效能驚人。

除此之外，這項工程還啟發了跟隨濱野彌四郎到處奔波、進行水源測量的八田與一。親身學習田野調查的方法，以及各種工程知識，讓八田與一後來得以做出嘉南大圳。

八田與一非常敬佩這位前輩，曾說濱野「寡言且謙虛，不愛自我吹噓」。濱野彌四郎返回日本後，八田與一主動提議要替他塑造銅像紀念，還把銅像的複製品及繪畫送給本人，讓濱野彌四郎非常感動。

可惜的是，八田與一主導塑造的銅像，在二戰時期因為金屬缺乏不翼而飛。許文龍在幾十年後造訪臺南供水系統的園區，十分驚嘆，認為當初日本經濟並不好，卻能做出如此先進的設備。又看園內有臺座，卻無銅像，一查才知道這套系統背後的主持者是濱野彌四郎，遂決定自己動手捏一座，放回原本的臺座。而這也是許文龍所雕塑的第一座先人人像作品。

如今園區被指定為古蹟，二〇一九年改名臺南山上花園水道博物館並對民眾開放。除了濱野彌四郎的銅像以外，也有保存完整，早年使用的濾池、濾筒、各種管線，能回顧這位水利工程師百年前的真知灼見，以及古城臺南文明翻新的一頁。

二十多年前臺南山上鄉的淨水場原址，許文龍在雜草叢生的地方發現一座石碑基座，基座上方空無一物，一旁傾毀的石碑則依稀能辨認出「飲水思源」四個字，基座後面的碑文已經斑駁無法辨識。而後才得知，這裡曾經安置過一座銅像，那是紀念被譽為「都市の医師」的濱野彌四郎技師的雕像。（紀慶玟提供）

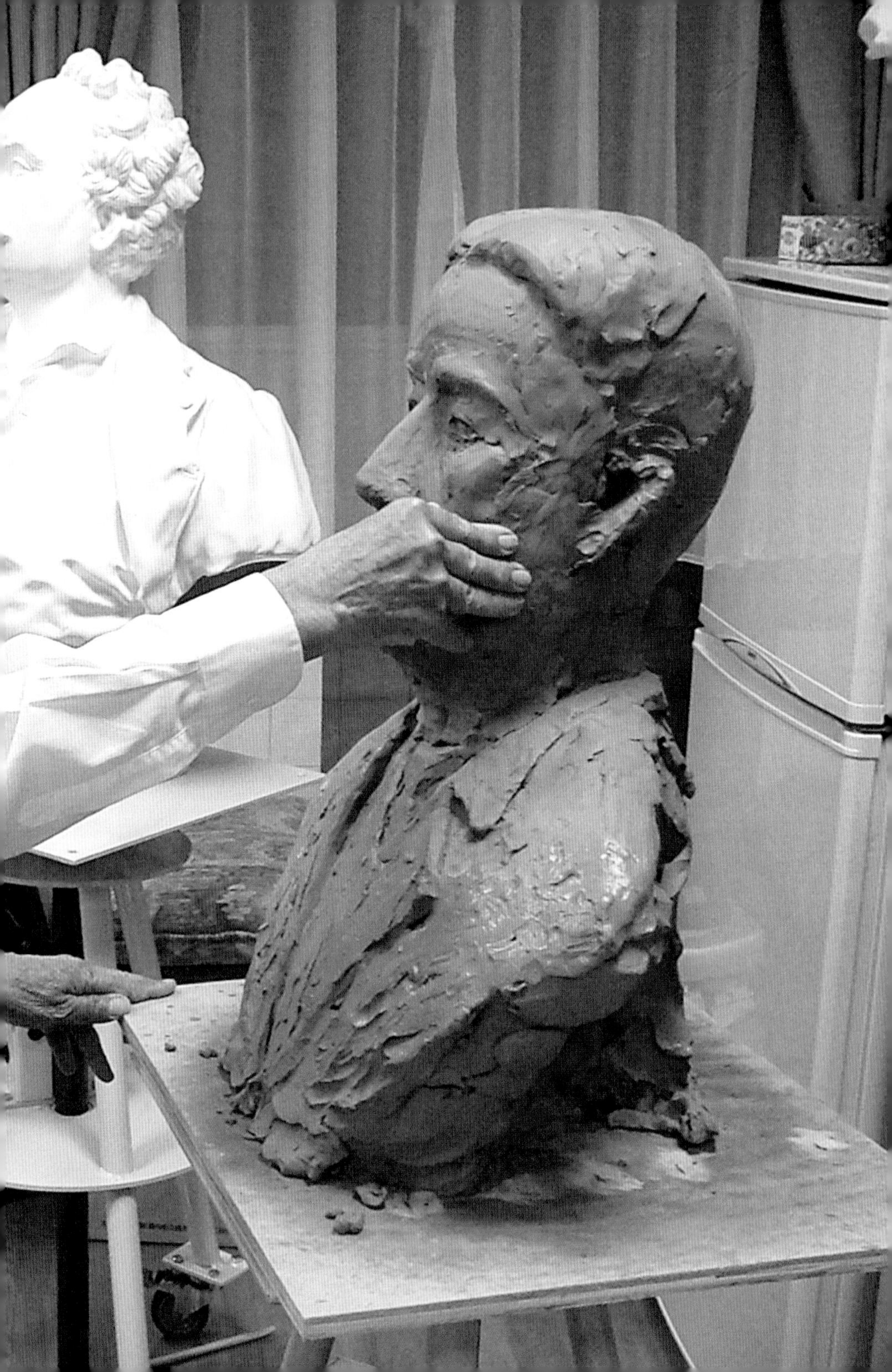

許文龍親塑濱野彌四郎銅像的過程，這也是他第一座親塑的銅像。（紀慶玟提供）

許文龍將濱野彌四郎銅像致贈給自來水廠並與其合影留念。（紀慶玟提供）

上：臺南市山上區花園水道博物館，於 2019 年正式開放參觀。（鄭凱騰攝）
下：臺南山上花園水道博物館園區內淨水廠。（鄭凱騰攝）

臺南山上花園水道博物館濱野彌四郎銅像。（鄭凱騰攝）

臺南山上花園水道博物館濱野彌四郎銅像。（鄭凱騰攝）

## 八田與一

# 十年磨一圳，成就臺灣最大穀倉

二戰時期，物資缺乏，臺灣總督府下令徵收金屬器具。嘉南地區的農民一方面配合，另一方面，又轉頭偷偷跑去把一尊銅像藏在車站的倉庫內。

這尊銅像，刻劃的是日本土木工程師八田與一，席地而坐，以手撐頭沉思的模樣。這位來自日本的年輕人，督工十年，建造嘉南大圳，替在地農業造就前所未有的榮景。農民感念在心，說什麼也不想把紀念他的銅像拱手交出。

昔日的嘉南平原，有雨則洪，旱季則枯，沿海土壤鹽分又高，根本無法耕種，一直以來都是廣闊卻貧瘠，只能種植少量番薯花生的可憐土地。

苦慣的農民，難以想像，當這座前所未見、號稱東亞最大的水圳完工之後，

水田面積一夕之間增加三十倍，再搭配三年輪作制的規劃，除了水稻之外，甘蔗、雜糧也能兼顧。農民開始富裕起來，過得甚至比城裡的人還好。

這是日本殖民臺灣時期，最標誌性也最戲劇性的巨型工程。在當時向全世界證明日本先進的技術，更重要的是，奠定了嘉南平原作為臺灣穀倉的地位。褐黃色的大地，從此青翠且欣欣向榮。

## 堅守深山十年不退

八田與一生於日本石川縣金澤市，父親是在地的富農，這個背景，讓他雖然後來到東京帝國大學（今日的東京大學）主修土木工學科，心中依舊保有對農民的認同和體恤。大學畢業後，二十四歲的他受雇成為臺灣總督府土木部的技術人員，自此來到臺灣，並一直到過世之前，絕大部分時間都待在這裡。

身為一位水利工程師，八田與一既認真也有野心。他參與大大小小、遍布臺灣各地的工程案，包括臺南、嘉義、高雄等地的水道建設。後來因為規劃桃園埤圳的灌溉工程表現卓越，受長官賞識，遂交託他設計嘉南大圳的艱鉅任務。

他心知這是一場重要的戰役，不辭辛勞，深入山嶺四處探勘，還三度罹患瘧疾。然而，好不容易提出的計劃書，卻讓日本政府倒抽一口氣，揮手拒絕，因為實在太昂貴了！造價堪比總督府在臺灣一年的歲收。但八田與一深信這是最好的辦法，在當時的臺灣總督極力協助勸說中央，以及日本因米價過高爆發官民衝突的情況下，日本政府被迫正視加速從臺灣獲取米糧的必要性，終於同意補助一半金額，另一半則由受益的農民負擔。

嘉南大圳的建設就這麼展開了。工程內容包山包海：建造烏山頭水庫，河川的導水及排水道，灌溉系統，海岸防坡堤等。倘若把所有的水道相接，總長超過一萬六千公里，幾乎能繞地球半圈，相當驚人。

過程中的艱辛也不在話下。為了蓋烏山頭水庫，八田與一特地飛往美國考察，買回工程要用的重型機械。以為萬事俱備，未料開鑿烏山嶺隧道時，竟不慎發生爆炸，數十人喪命，令他悲慟不已。更慘的是，一九二〇年開工的三年後，日本發生關東大地震，日本政府焦頭爛額，撥給嘉南大圳的經費也因此銳減。

面對種種磨難，八田與一不願低頭，想方設法修改工期和調整規模。為了照顧一起到山裡搏命的工作人員，甚至造了宿舍，還讓員工眷屬一同入住，連帶打造學校、醫院、運動設施等，宛若小型造鎮。他非常替員工和農民著想，自己的八個孩子，也都在臺灣出生成長。於公於私，都奉獻給臺灣。

「他為了建水庫，在山裡面待了十一年。不像一般官員是在臺北的冷氣房裡做計劃，不在現場，他是在現場作業的，這真的不是常人所為。」許文龍在研讀八田與一的故事之後，如此感嘆。正因為凡事以身作則，又做出巨大的貢獻，才會讓農民如此感激。

## 命喪大海，留下水圳供悼念

嘉南大圳落成之後，為了培育臺灣相關領域的人才，八田與一設立臺灣水利協會，以及土木測量技術員養成所（現為新北市瑞芳高工）。所作一切皆非短視近利，而是有長遠的考量。

無奈如此優秀的俊才，最後卻在受命前往菲律賓進行田調之時，因搭乘的郵輪被美軍擊毀而罹難。其妻子外代樹，無法接受丈夫突然去世的打擊，在烏山頭水庫的放水口，投水自盡。兒女則於戰後被遣返回日本。八田家在這塊土地上的努力，就此畫下悲傷的休止符。

但巍峨的嘉南大圳，證明了前人的心血從未白費。滾滾的溪流，不斷滋養著遼闊的大地。被農民所藏的銅像，如今也再度回到烏山頭水庫旁。該銅像在二〇一七年時一度遭破壞，頭部以上被切除，好在奇美博物館事先做了複製品，許文龍緊急指示把複製品的頭部拿到現場接合應急，再以新複製品修復，並放回原處，象徵八田與一的精神與水圳同在。

許文龍自己捏製的八田與一胸像，則放置於八田與一當年爭取創建的嘉南國小，以及新北市瑞芳高工，表彰這位傳奇技師對培育臺灣土木水利人才的貢獻。

左：2017 年 4 月，八田與一的銅像遭人蓄意破壞，許文龍得知後，便捐出奇美博物館館內的八田與一銅像，將館藏銅像的頭部進行切割，緊急接合至遭破壞的銅像上，經 12 天搶修後，再以複製品接合復原。（資料來源：wikipedia；紀慶玟提供）

右：2018 年，林佳龍旅行至八田與一的故鄉金澤市，特地在許文龍創作的八田與一雕像前合影留念。（林佳龍提供）

臺南市官田區烏山頭水庫。（鄭凱騰攝）

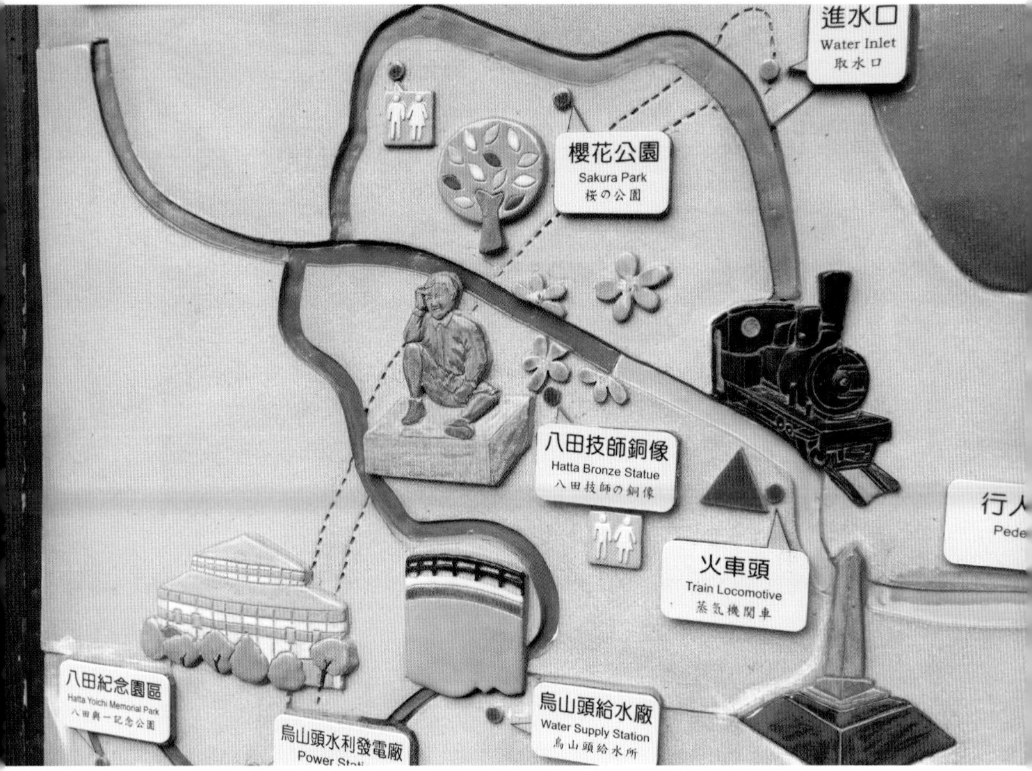


烏山頭水庫園區地圖指示牌。（鄭凱騰攝）

目前置於烏山頭水庫的八田與一銅像，是在嘉南大圳竣工後，由全體參與建造工作的「交友會」會員提議製作，以紀念這位共事十年的長官。此銅像由日本金澤的雕塑家「都賀田勇馬」雕製，於 1931 年完成後運抵台灣。二戰期間，當地民眾刻意保藏，使銅像避過了被日軍徵收熔毀的命運。戰後，銅像在車站倉庫內被發現，但直到 1981 年，水利會才獲得政府許可，將其重新豎立於烏山頭水庫的原址。（資料來源：烏山頭水庫風景區；鄭凱騰攝）

每年 5 月 8 日八田與一的忌日，他的後代親屬及敬仰他的日本友人，皆會組團遠道而來，參加水利會舉辦的祭拜儀式，場面既感人又隆重。（資料來源：烏山頭水庫風景區；鄭凱騰攝）

右：許文龍親塑的八田與一銅像，於 2013 年致贈給臺南嘉南國小。（鄭凱騰攝）
左：臺南市官田區嘉南國小的八田與一銅像。（鄭凱騰攝）

1934 年，在八田與一的積極奔走推動下，他與退休技手西村仁三郎、臺灣教育家曹賜窟和林熊祥在臺北共同創建私立「土木測量技術員養成所」，為現今國立瑞芳高工的前身。校內有棟紀念八田與一的「八田樓」，許文龍親塑的八田與一銅像便坐落在此。（紀慶玟提供）

## 鳥居信平

# 鑿一座地下水庫，四季不畏乾枯

距今一百年前，日本水利工程師鳥居信平來到炎熱的屏東平原，活用當時日本尚未嘗試過的地下堰堤技術，收集來義鄉林邊溪河床下的伏流水，再建造一套深埋土地之下、長三公里的引水渠道，成功解決農業用水的問題，灌溉兩千公頃的田地。

這套名為「二峰圳」的水利系統，讓一度走到死胡同的臺糖株式會社總公司重獲新生。被灌溉的農場，產出大量的甘蔗作為製糖原料，臺灣總督府得以大展手腳，推進在臺的糖業政策。

另一方面，鄰近的原住民部落並未因施工受到侵擾，反而有了穩定用水，開始嘗試農耕，獲得更多收入，成就雙贏局面。

時至今日，二峰圳不分雨旱季，都流著潺潺清水。鳥居信平跨越世紀的工程智慧，依舊管用。

「雨季的水並不希罕，但乾燥期的水是很寶貴的，鳥居信平就是去屏東解決這個問題。他在屏東做了十幾年，解決那一帶的水資源問題。二峰圳在亞洲是第一個例子，在世界上大概也很少有這種模式。」許文龍在得知其事蹟後，大為讚嘆。

## 地上沒水，就從地下找

挑戰一項全新、又要滿足廣袤農業地的水利工程，是相當艱辛的，但鳥居信平的毅力驚人。

他的老家在日本靜岡縣，大學就讀東京帝大農業土木科，和嘉南大圳的設計者八田與一，同樣是東京帝大教授上野英三郎的得意門生。

後來上野英三郎推薦鳥居信平來臺，協助臺糖解決在屏東平原缺水的瓶頸。鳥居信平毅然地答應了。不顧身邊人的反對，帶著剛新婚的妻子，來到南方的炙熱島嶼。

其嫡孫日後透露，在此之前，鳥居信平在日本德島縣擔任農業工程師，曾經希望進行大規模的建設，引取伏流水灌溉，但遭到當地反對而作罷。

鳥居信平相信自己的專業，可以為乾枯的土地做些什麼。在日本無法施展拳腳，或許到臺灣能有一番作為？

然而，當他實際踏上滿布礫石的屏東平原時，還是看傻了眼：情況比想像中困難！擔任嚮導的人指出，這裡旱季時，挖兩公尺也沒水，連喝的水都不夠。雨季時又有大洪災，農田全泡在水裡。

鳥居信平皺著眉頭，苦思解決方法。去哪裡找水才好呢？他每天全副武裝，綁好綁腿，攜帶冰糖和奎寧，帶著部屬沿著林邊溪向山上探勘。在白天極度高溫，又有毒蛇和流行病肆虐的地域裡，尋找希望之泉。

皇天不負苦心人，歷經數年的勘查，他發現，比起蓋水壩，建造地下堰堤攔截伏流水才是正解。雖然旱季時河床乾枯，但林邊溪一年四季都有豐沛的伏流水，只要好好利用，就能突破農地欠水的困境。

他立刻向臺灣總督府提交計畫書，旋即動工。帶領眾人打造一座梯型結構，埋在河床下九公尺的深處，作為地下堰堤。與伏流水接觸的那一面，由傾斜的混凝土柱排列而成，並以黃荊覆蓋，過濾掉伏流水中的小石頭，讓餘水透過柱間的縫隙，流進梯型堰堤，再藉由引水渠道送至農田。由於梯型堰堤和渠道都有坡度，水不斷流動，能保持清澈。

## 爭取部落支持，獲得排灣族雅號

鳥居信平一方面埋首工事，另一方面又到處奔走，拜訪鄰近的原住民部落，尋求支持。他親自解釋這項工程的用途，保證不會破壞漁場和狩獵場既有的清水，說服頭目一起來幫助計畫。他的兒子鳥居鐵也日後回憶，父親是不折不扣的工作狂，每天不是在辦公室，就是在開墾地區的部落裡，根本不在宿舍。

這份不屈不撓的心，打動了原住民。頭目不但和他成為好朋友，一起飲酒談笑，也願意出動人力幫忙。歷時兩年的二峰圳建設，參與工事者多達十四萬人，其中很大一部分是排灣族的青年。他們不畏惡劣環境，彼此打氣，終於完成劃時代的工程。鳥居信平也因此獲得了排灣族名字「發東東」，意思是對地方卓有貢獻之人。

立下重大功績的鳥居信平，日後一路升到臺糖董事，在屏東待了二十五年才離職回日本。如今在二峰圳下游的屏東林後四林平地森林園區，能看見林務局復刻一比一的梯型地下堰堤模型，示意其獨特的構造。許文龍打造的鳥居信平銅像，也一併設置在園區內，讓人瞻仰面容，感念百年前的用心。

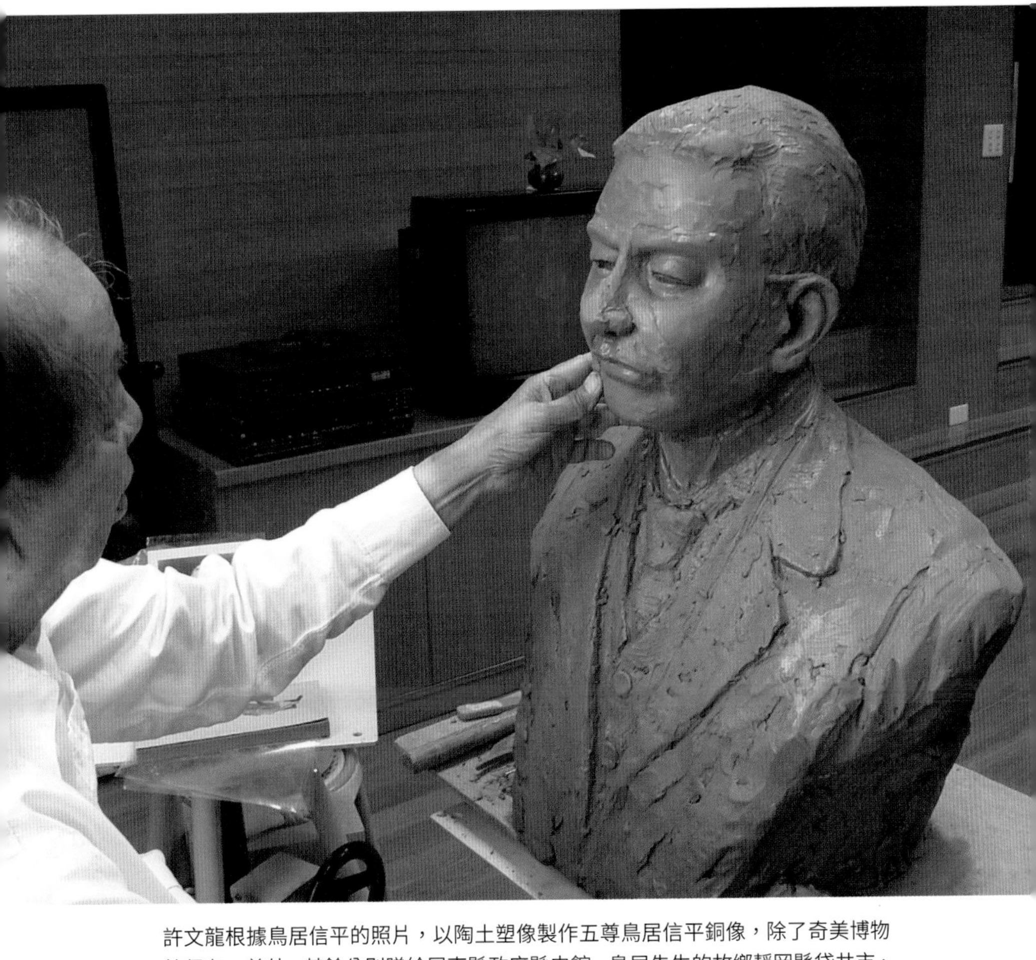

許文龍根據鳥居信平的照片，以陶土塑像製作五尊鳥居信平銅像，除了奇美博物館保存一尊外，其餘分別贈給屏東縣政府縣史館、鳥居先生的故鄉靜岡縣袋井市、來義鄉二峰圳旁喜樂發發吾森林公園及林後四林平地森林園區。（紀慶玟提供）

許文龍於 2009 年將鳥居信平銅像致贈給屏東縣政府文化局，設置於屏東縣來義鄉喜樂發發吾森林公園，並舉辦盛大的揭幕式。（紀慶玟提供）

2009 年 7 月 20 日，在鳥居信平的故鄉日本靜岡縣袋井市，盛重舉辦銅像揭幕式。
（紀慶玟提供）

喜樂發發森林公園

喜樂發發吾森林公園位於來義鄉丹林村小丹林社區。喜樂發發吾 Siljevavav，其排灣族語地名在中文詮譯有「向上」的涵義，2002 年由在地居民共同合力完成並營造出自然又富排灣文化濃厚的公園。（資料來源：屏東縣來義鄉公所；鄭凱騰攝）

鳥居信平的「地下堤堰取水工程」在臺灣水利開發史上擁有的創見包括：水源開發方式不影響原河溪水流、取水工程符合生態保育、開發水源充沛、出水水源潔淨、施工期程較短、工程造價經濟，就連今日所實行之水利工程亦望塵莫及。二峰圳灌渠潺潺水流流經台糖公司轄下蔗田農場，增進糖業產值，造福蔗農貢獻良多。（資料來源：銅像下方的銘文；鄭凱騰攝）

## 磯田謙雄

# 翻山越嶺白冷圳，養育世代新社人

一條翠綠色的輸送道，從新社的山稜筆直而下，躍過抽藤坑溪，向前延伸。宛如青蒼色的巨龍一般，攀山越嶺。

這條神秘的輸送道，正式名稱是「2號倒虹吸管」，隸屬於日治時期興建於臺中新社的白冷圳。這是集當時所有最尖端技術於一身的水圳，而2號倒虹吸管，又是其中最具代表性的段落，總長三百四十六點八八公尺，高低落差接近三公尺。

所謂倒虹吸管，是建造水圳的一種工法。從上游送水至下游的途中，會遇見各種地形，忽高忽低。倘若遇見溪谷，又無法造橋橫渡時，就會先引導水由

高處向低處急衝，利用累積的位能，從谷底再把水推送上另一座山坡，就是所謂的倒虹吸管。

在白冷圳落成的一九三〇年代，這是相當先進的手法。操刀者是來自日本石川縣金澤市的水利工程師磯田謙雄。外界推測，他可能參考了過去金澤市內也使用過的倒虹吸管工法。

但白冷圳的範圍更大，灌溉面積超過七百八十八公頃。更棘手的是，由於會經過好幾座山峰溪谷，建造過程必須不斷在山壁鑿隧道，在溪谷上搭橋，使出鬼斧神工的技法和氣魄，是非常困難的工程。前後一共花費三年半才完工。

## 八田與一學弟，造出跨世代的甘甜水

當時「工業日本，農業臺灣」的政策，讓日本政府願意投注資源，建造臺灣的農業設施。新社臺地作為良好的蔗苗種植場所，自然不會被忽略，只是需要解決高處取水不易的問題。

磯田謙雄在臺灣名聲不響，但他是東京帝大土木工學科畢業的高材生，也是嘉南大圳設計者八田與一的學弟。兩人感情很好，磯田謙雄剛來臺灣時，曾住在八田與一位於西門町的住處，其後也曾參與嘉南大圳的測量和調查。

累積珍貴經驗的磯田謙雄，開始獨當一面。他陸續參與臺灣總督府的各項工程，包括新竹州八塊厝隧道災害復原，關廟旗山新道路勘查，以及嘉義水道擴張等。白冷圳則是他所主導、最重大也最艱鉅的一項任務。

這座水圳的完工，不僅讓臺灣總督府得以在當地順利設置蔗苗養成所，還提供了新社、東勢、石岡地區的灌溉及民生用水，對當地的意義深重。

農田水利署臺中管理處大南工作站前站長韋炎明曾指出，他三歲時跟著家人搬來新社，從小就是從圳溝裡挑水回家喝，水又乾淨又甜，就算後來有了自來水也喝不慣，依舊鍾愛圳溝的水，「新社對白冷圳的依賴是一〇〇%。」

居民對白冷圳的依賴，從災時便能看出。颱風走山，白冷圳受破壞，井水一度乾枯，大家差點沒水喝。九二一大地震讓此地滿目瘡痍，白冷圳超過一半的管線無法使用，反而激起居民守護水圳的決心，利用災後復興，向中央爭取款項修復管線，又舉辦臺中白冷圳文化節，紀念得來不易的巍峨水圳。

當然，眾人也十分感念磯田謙雄的付出。磯田謙雄在臺灣定居將近二十九年，戰後還留任臺灣省農林處，整理日治時代關於農業和林業的建設文獻，一直到一九四七年才返日。

其外孫松任谷秀樹對磯田謙雄在臺的功績並不熟悉，但記得磯田謙雄常常帶他去海水浴場、遊樂園玩耍，「是一位很溫柔的祖父。」作為遺族代表，松任谷秀樹二〇二三年曾來臺參加「白冷圳全民疏圳暨磯田謙雄感恩獻花典禮」，他很開心臺灣願意認可祖父的付出，也希望藉由這座跨世紀水圳的牽引，讓臺灣和金澤的緣分不斷延續。

許文龍贈予臺中市政府的磯田謙雄銅像，如今安置在白水圳下游的九渠溝滯洪池，年復一年，和民眾一同觀賞新社美麗的四季花海。

2016 年臺中市政府舉辦「白冷圳文化節」，並接受許文龍致贈磯田謙雄銅像，紀念這位日本技師在八十五年前設計的白冷圳水利工程，而後市府水利局將此銅像設置於白冷圳下游九渠溝滯洪池。（洪聖翔攝）

# 化為螢火，也要讓紅茶園豐收

## 新井耕吉郎

有些人未必聲名遠播，但默默付出的身影，卻會被周圍的人一輩子懷念。被尊稱為臺灣紅茶之父的新井耕吉郎正是如此。

二〇〇七年秋天，許文龍與友人一起遊覽日月潭，在造訪以出產紅茶聞名的魚池鄉貓囒山時，驚訝地發現，這裡原來藏著一個鮮為人知的故事。來自日本的農業專家新井耕吉郎，過去守護這片茶園十餘年，期間催生出屬於臺灣獨特的紅茶品種，使臺灣一時之間成為世界紅茶的重要出口地。該茶湯澀味少，味道圓潤醇厚，即使是挑剔的日本天皇也讚不絕口。

這個意外的收穫，令許文龍印象深刻，希望塑造新井耕吉郎的銅像表示尊

敬，但一時之間遍尋不著影像資料。直到遇見新井的老同事竹下貝吉。這位老同事重遊舊地緬懷過往時，驚訝地發現過了這麼久，魚池鄉的人們並未遺忘新井耕吉郎的付出，還為他豎立了紀念碑。

竹下貝吉非常感動，拿出珍藏的照片和大家分享。許文龍遂得知新井耕吉郎的樣貌，完成銅像。竹下貝吉則輾轉找尋到新井耕吉郎的外孫，邀請外孫櫻井和家人在魚池鄉茶改場的銅像揭幕時，來臺觀禮。櫻井感動地表示，「臺灣人的熱情令人窩心。」

為什麼新井耕吉郎如此受到身邊的人的敬重呢？

因為他把人生最好的時光，一心一意投注在魚池鄉，即便中間受到戰事的干擾、瘧疾的侵襲，妻子、孩子命喪此地，依舊不退卻。甚至在二戰後，總督府撤回日本之時，他還因為對這塊土地的情感而不願離開，獨自守護蘊藏畢生心血的茶園。讓接手工作的臺灣官員十分感佩，才會立碑紀念。

## 濃霧中的決心，闖出島內最大紅茶產地

新井耕吉郎是日本群馬縣人，在北海道帝國大學農學部取得學位，歷經短期的兵役生活之後，一九二六年，二十二歲的他以臺灣總督府中央研究院新竹平鎮茶葉試驗支所助手的身分來到臺灣。

彼時日本殖民臺灣已經過了一段時間，基礎建設漸臻完備，正是開始要發揮實力，進入成長高峰期的階段。

但有一事令臺灣總督府擔憂。那就是除了糖和米以外，原本茶葉也是臺灣出口的重要產物，然而國際上對綠茶和烏龍茶的需求逐漸下降，反而是英屬印度出產的紅茶獨領風騷，成為主要的飲料選項。這大為影響臺灣的外匯收入，迫使臺灣總督府立下振興茶業的決心。

經過詳細的調研，氣候溫暖潮濕的魚池鄉貓囒山，被選為種植紅茶的地區。在新井耕吉郎的建議之下，一九三六年成立魚池紅茶試驗支所，建造全臺唯一的錫蘭式紅茶廠，還打造了至今依舊留存的氣象觀測儀器，記錄種茶所需

的各種溫溼度數據。紅茶革命正式啟動。

新井耕吉郎從印度訂來國際間十分熱門的阿薩姆茶樹，與臺灣原生的茶樹雜交，反覆改良，終於研發出獨一無二的臺灣紅茶。不但成為日本皇室的御用茶款，從數字上來看，一九三九年魚池鄉的紅茶，佔全臺出口紅茶高達九成，也可見其成就。

## 戰火中斷茶香夢，死守苗圃到過身

然而，雖然帳面上看起來風光，但身在異鄉，夙夜匪懈地投入茶葉改造，是非常辛苦的事情。特別是雲霧繚繞的魚池鄉，濕氣過高，日夜溫差大，並不適合居住，新井耕吉郎的家人接連死去。

更悲傷的是，臺灣紅茶的風光並未持續太久。二戰爆發，臺灣紅茶立刻面臨難以出口的困境，支所職員也收到從軍的徵召。就連好不容易培育起的茶園，都被下令要改種糧食。

新井耕吉郎抵死不從。因為茶園不僅匯集了他和同仁的心血，也種植著日本帝大教授託付予他，從中國安徽省收集而來的茶樹種苗。他一直堅持到戰後，拒絕遣返回國，獨自留下，把至今擁有的珍貴技術，全部移交給臺灣官員。彷彿是耗盡了畢生的力氣一般，戰爭結束才隔一年，他便罹患瘧疾離世，年僅四十二歲。

據說，他死去之時，一隻螢火蟲在其身上環繞，隨即飛往茶園。身邊的人都認為是他的靈魂化為螢火蟲，想繼續守護紅茶，無不難過流淚。

新井耕吉郎培育出的臺灣紅茶，很遺憾地並未保存下來。一九八〇年代，隨著越南等地更便宜的茶葉傾銷，臺灣茶葉逐漸沒落。直到九二一大地震後，為了復興地方，農委會從魚池鄉的紅茶中選出品質優良者大力宣傳，此地的紅茶才再度受到矚目。雖然無法複製當年的品種，但現今品飲的日月潭紅茶，正是在新井耕吉郎奠定的基礎之下，遂能大放異彩。

猶如舌尖上的回甘，臺灣紅茶之父的事蹟，將繼續伴隨這座茶園，每記起一次，就更鮮明一分。

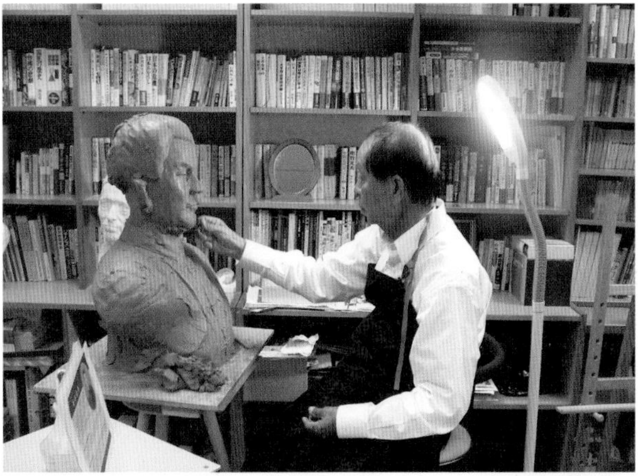

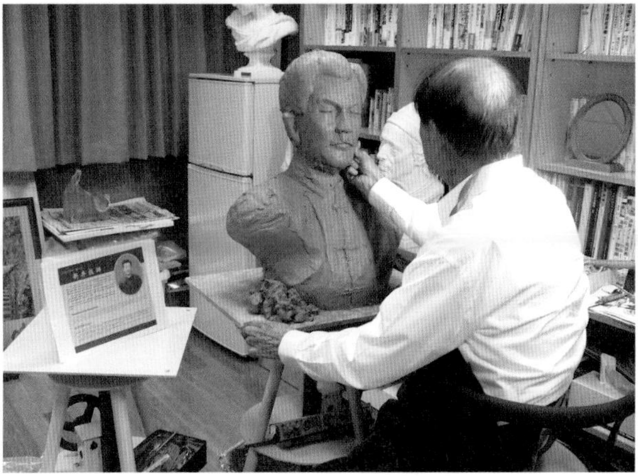

許文龍親塑的新井耕吉郎銅像，共翻鑄成四座，於 2008 年 10 月分別贈與茶業改良場魚池分場、日月潭國家風景處管理處、新井耕吉郎的日籍遺屬，並自留一座於奇美博物館典藏。（紀慶玟提供）

臺灣紅茶的守護者
新井 耕吉郎

2008 年 10 月 24 日，新井耕吉郎的塑像在茶改場魚池分場舉行揭幕儀式，新井家屬（右排）專程來臺參加。（紀慶玟提供）

新井耕吉郎的女婿櫻井清一代表家屬獻花。（紀慶玟提供）

當時許文龍聽聞新井耕吉郎其事蹟後，表達了願替他塑像的想法，然而遍查茶改場文獻卻找不到任何一張新井的照片，只能尋訪老員工述說新井的豐功偉績與長相。沒想到過了不久，奇蹟出現，當年新井耕吉郎日籍的下屬竹下貝吉先生，因為懷念當時在日月潭畔的生活，而到訪臺灣貓囒山，更帶來了珍貴的合影照片。而後竹下先生更不辭辛勞在日本協助尋找新井的後代，最後促成新井的家屬專程前來臺灣參加銅像揭幕式的美事，也圓滿了許文龍想將其銅像致贈給新井後人的願望。銅像背後即是竹下先生帶來的珍貴照片，坐在新井旁邊的就是當年在茶改支所服役工作的竹下貝吉（右一）。（資料來源：梁煌義；洪聖翔攝）

位於南投縣魚池鄉茶改場魚池分場的新井耕吉郎紀念碑。（洪聖翔攝）

耕吉郎の功績
台湾の地図

2009 年送至日本的新井耕吉郎雕像，原設置在群馬縣沼田市新井墓地的紀念碑旁，但因為墓地前方路幅狹窄難以參觀，2022 年當地的老神溫泉觀光協會與新井後人商議後，決定將雕像移置到湖畔的園原運動公園，並於在 4 月 13 日舉行揭幕儀式。（紀慶玟提供）

新渡戶稻造

# 指出白糖產業的康莊大道

若論日治時期日本人在臺灣的建樹，糖業是不能不提的一環。

臺灣原本就是有名的糖產地，十七世紀荷蘭統治以來，糖一直和茶葉、樟腦，並列三大出口產業。但在日本接手臺灣之時，當時的糖產量並不高，甘蔗品質也不理想，亟需改良。民政長官後藤新平想起了一位救星，那就是和他同樣出身日本岩手縣的優秀朋友─新渡戶稻造。

新渡戶稻造成長於武士之家，受家庭教育的影響，重視名譽和義理，也對西洋文化有著濃厚的興趣。他曾前往美國和德國留學，並在德國取得農學博士的學位。返日的過程中，還結識了妻子瑪麗．埃爾金頓（Mary Elkinton）。

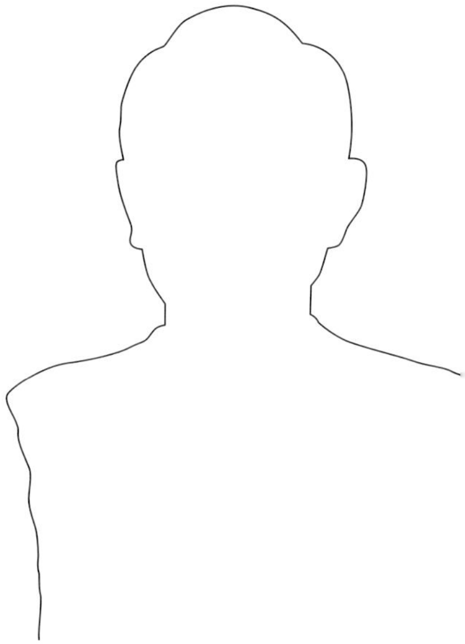

回到日本後，新渡戶稻造任教於札幌農學校，卻因身體虛弱不得已請長假到美國加州休養。療養期間，他埋頭寫出著名的《武士道》一書，向西方國家介紹日本道德教育，引起非常大的迴響，自此名揚國際。據說連老羅斯福總統都大為讚賞，分贈友人。

後藤新平知道新渡戶稻造很有能力，屢次邀約他出任要職，但新渡戶稻造一直以健康狀況不佳婉拒。沒想到後藤新平堅持不懈，持續邀請了兩年，讓他實在盛情難卻，最後提出「一天要有一小時午睡時間」的條件，於三十九歲時前來臺灣擔任總督府技師。

## 考察國內外，寫出主導政策的建議書

新渡戶稻造最大的功勞在於，對臺灣糖業提出全面性的改良意見。

本是農業專長出身的他，深信農業是國家的根基。工商業的發達能使國家向外擴張，但要守本，農業絕對必須穩固。

他上任後，花費半年的時間，考察全臺各地糖產業的狀況。同時也藉參訪巴黎萬國博覽會的機緣，前往歐美各國，甚至是埃及和爪哇等地，了解糖的製造和經營。之後彙整所得，提出「糖業改良意見書」，主張汰換臺灣既有的甘蔗，從國外導入適合的品種，修正栽培方式，並種植不同成熟期的甘蔗，讓一年四季都有辦法收成。

他的建議成為臺灣總督府日後的主要糖業政策。總督府很早就和三井財閥合作，在臺成立製糖會社，並於橋仔頭（今高雄市橋頭區）建造臺灣第一座新式的製糖廠。早期無奈產量不高，但在新渡戶稻造的建議之下，產量開始大增。從一九〇二年開工初期的五萬噸，到日治末期飆升到每年百萬噸。臺灣製糖在現今屏東縣設立的阿緱工場，一度是東洋最大糖廠，被稱為「臺灣糖業的新高山」。全島產量不僅足以供應日本所需，也是當時全球最大的糖產地之一。

新渡戶稻造回日本之後，依舊替總督府工作，持續指導臺灣農業的發展。此外，博學多聞的他，也陸續擔任京都帝大（京都大學）、東京帝大的教授。並因為從妻子身上，看見女性也有不遜於男性的才情，特別關注女子教育，參與東京女子大學的創立並擔任首屆校長。貢獻之廣，使他一度成為日幣五千圓紙鈔上的幣面人物。

臺灣同樣緬懷這位專家在產業革新上的功績。戰後，日治時期的糖廠悉數為國民政府接收，繼續發展並做轉型。

許文龍認為，日本政府在臺灣發展最成功的產業是糖業。臺灣的現代化糖業是從新渡戶稻造開始，因此許文龍特別雕塑銅像以茲紀念。

如今走訪高雄橋仔頭糖廠，舊福利社已經翻新，其內陳列著銅像，並介紹新渡戶稻造的事績，也有日治時期遺存的物件展覽，包括社長夫人的梳妝臺等。在充滿日本味的建築中，能遙想當年的糖業榮景，也能一併認識這位傳奇的臺灣白糖之父。

新渡戶稻造的逝世地——加拿大英屬哥倫比亞省維多利亞市，特別為他在哥倫比亞大學後打造了一座新渡稻造紀念花園。因緣際會下，將許文龍的塑像送至加拿大擺放紀念。（紀慶玟提供）

許文龍親塑的新渡戶稻造銅像，共鑄造了三座，於 2010 年贈送給新渡戶基金會，其中一座置於日本盛岡車站。（紀慶玟提供）

Inazo Nitobe.
許 文龍（台湾）
2012年10月24日

高雄橋頭糖廠的新渡戶稻造銅像。（紀慶玟提供）

2012 年新渡戶基金會將其中一座銅像贈送給臺糖花蓮糖廠文物館。（臺灣糖業公司花東區處提供）

花糖文物館變更展覽設施後，目前新渡戶稻造銅像則收藏於臺灣糖業公司花東區處。（蕭之榕攝）

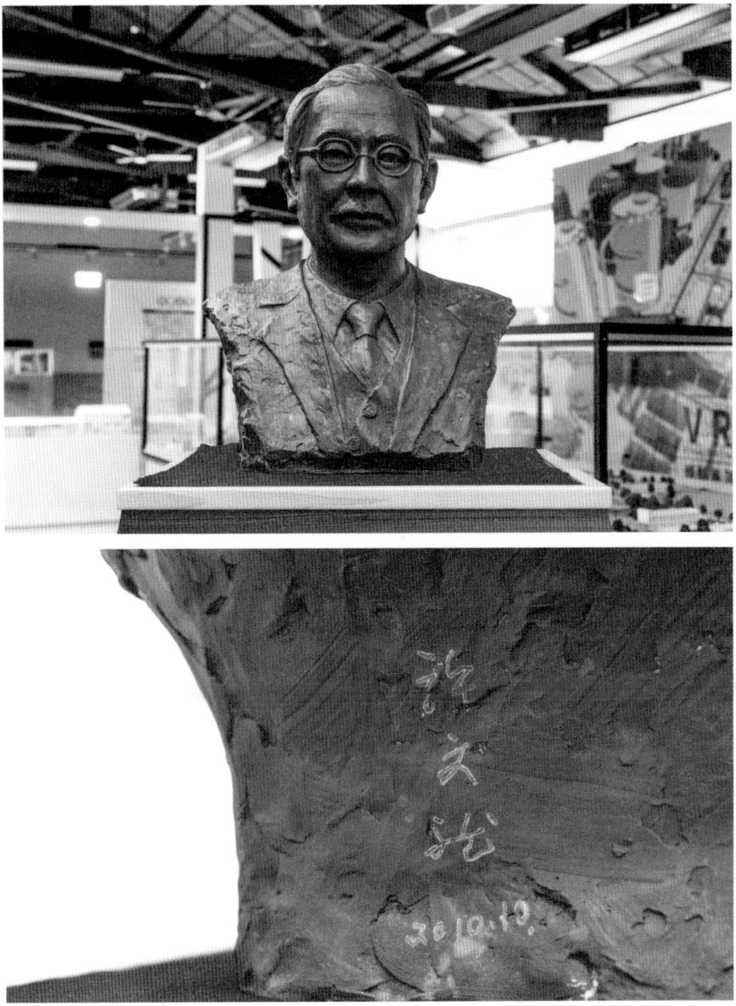

臺灣糖業公司花東區處所收藏的新渡戶稻造銅像，以及許文龍在銅像背後的落款。（蕭之榕攝）

### 磯永吉與末永仁

# 巧手催生蓬萊米，粒粒是心血

臺灣一向以生產晶瑩可口的白米飯為傲。但很多人不知道，現在被廣泛食用的蓬萊米，其實是日本人改良出來的。

這位日本人，就是被尊稱為臺灣蓬萊米之父的磯永吉。在他和另一位稻米改良研究者末永仁長年的試驗之下，研發出了圓潤多產的新型稻米，不但色澤美，產量高，而且口感絕佳，得以從當時作為殖民地的臺灣大量反銷日本，平衡兩地的進出口收支。

新型稻米產自被視作蓬萊仙島的臺灣，因此獲得「蓬萊米」的美名，與之前在臺灣主要栽種的在來米差異很大。在來米種類繁雜，品質粗劣，而且產量

少，喜愛軟黏米飯的日本人吃不慣。

彼時臺灣總督府渴望透過在地生產的方式，提供在臺日本人足夠的米飯，同時滿足母國的糧食需求，遂把這項任務委託給猶如國策大學的臺北帝大，希望專家們想想辦法。磯永吉和末永仁正是在這樣的時空背景之下，開始改良臺灣稻米。

## 永遠在現場奮鬥

磯永吉於一八八六年在日本廣島縣出生，一九一一年畢業自日本東北帝大農業科，隔年便來到臺灣投入農業研究的工作。他最初在總督府的農事試驗場擔任技手，期間曾多次飛往歐美和東南亞考察農業。由於表現優異，一路升任臺北帝大農學部教授。

他做事認真，認為任何事情都該有憑有據，只相信親眼所見的事物。水稻育種專家謝景順日後翻閱其手稿，只見密密麻麻，各種選拔稻株和田間調查的數字記錄，以及觀察稻性的筆記，反映出磯永吉曾花費大量時間和心力，親自在現場觀察、研究，苦思更好的做法。

改良稻米是耗時且繁重的任務。要開發全新的臺灣米，得先從上千個在來米品種當中，淘選出二百三十六種，作為改良的基礎。之後引進日本稻米進行雜交。前後足足花費十六年，才終於培育出一年可收成兩次的「臺中六十五號」。不但產量倍增，蓬萊米也被推廣到世界各地，一九四〇年代鼎盛時期，估計全球栽種面積高達三百萬公頃，成為知名的品種。

許文龍對磯永吉不假他人之手，堅持自己想方設法的研究精神相當欽佩，「普通做官的人到了一定的地位，就會選擇待在臺北的辦公室裡，沒有人願意在現場工作。磯永吉則不同，他就是在現場一直改，直到成功種出蓬萊米。」

磯永吉奉獻一生給臺灣農業，在這塊土地上前後待了四十五年。其好友，也是絕佳搭檔的末永仁，同樣鞠躬盡瘁，每天清晨五點起床，不巡完實驗田就不吃早餐。兩人合作無間，在理論和實踐上都有建樹。

國民政府接掌政權之後，磯永吉擔心早逝的末永仁的研究成果會被銷毀，想整理並以英文發表，卻導致過勞並中風，身體健康逐漸惡化。晚年返回日本後，還希望能再度來臺考察。有人問他萬一在臺灣丟了性命怎麼辦？他回答，「那正如我所願啊。」人生都與稻米為伍的他，覺得活到做完「米壽」（八十八歲）就是最棒的事了，只可惜天不從人願，他在八十五歲時便辭世。

## 為農民討公道，被罵也不怕

根據晚輩及學生的描述，磯永吉是典型明治時期的人，也就是不喜形於色，凡事有所保留。但另一方面，又充滿幽默感。二戰後期，農試所不斷有人被徵召上戰場，磯永吉內心覺得痛苦，但在拍攝離別合照時，又會主動開玩笑，沖淡哀愁的氣氛。

雖然身為日本人，他卻總站在臺灣農民那邊，針對加強徵收農作物的議題和軍方交涉。他曾苦笑著說，「那些胸前佩掛著飾繩的軍官，就像我兒子一樣什麼都不懂，卻只會逞威風，我被他們罵得好慘呢！」

他做學問嚴謹，私底下又很照顧人，因此學生三不五時，就跑來家裡作客，聊生活的事，工作的事，還一起打麻將，像家人一樣親近。這位老師甚至會幫忙介紹對象，擔任婚禮主持。很多學生都對他的離世感到不捨，畢竟人生哪有這麼多機會，可以遇到這麼好的老師呢？

為了感謝對臺灣農業的付出，磯永吉返鄉後，臺灣政府每年寄送一千二百公斤蓬萊米給他當作禮物，直到他逝世。臺大校園內最古老的建築之一，也是當時他推動農業教育的「舊高等學校農林作業室」，如今列為市定古蹟並對外開放。可以看見當年的育種現場、實驗用具，磯永吉和末永仁的介紹，以及許文龍替他們倆塑造的銅像，讓參觀的人認識蓬萊米誕生的故事。

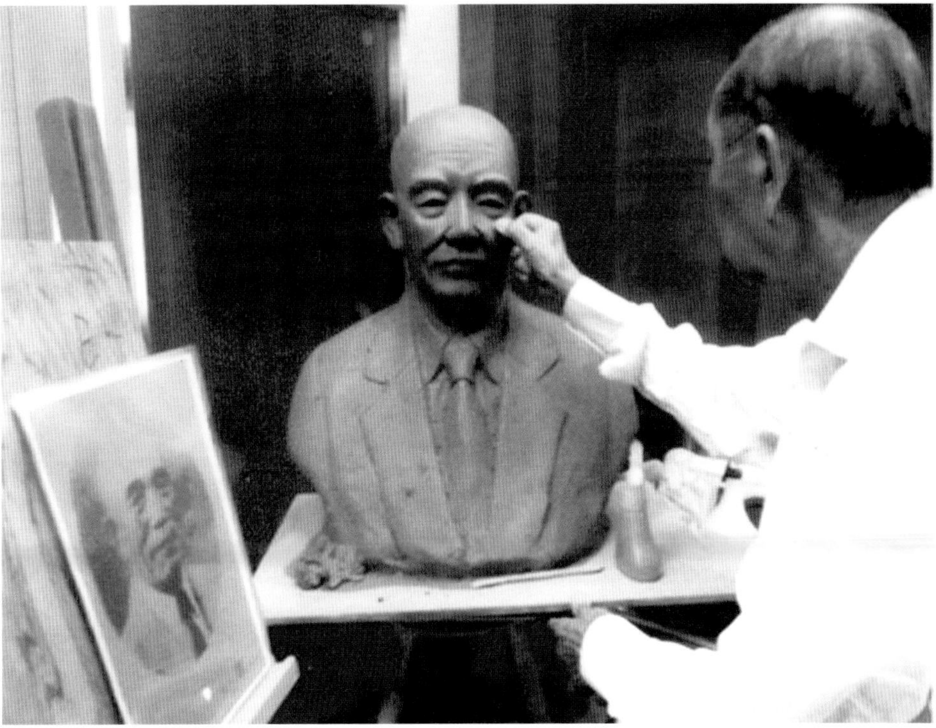

2012 年 2 月，許文龍將親手雕塑的磯永吉與末永仁兩座銅製胸像，致贈給當時正在籌備磯小屋開幕的臺灣大學農藝系，一方面表達對於農藝系致力於保存及宣揚蓬萊米研發歷史的支持，同時也希望藉由銅像的展出，能對更多人傳述這段改變臺灣命運的偉大事蹟。（資料來源：磯永吉小屋官方網站；紀慶玟提供）

磯小屋最早落成於 1925 年，位於國立臺灣大學公館校區農場裡。2009 年，臺北市文化局將其登錄為市定古蹟。2012 年 3 月 10 日，農藝系舉辦磯永吉小屋開幕，邀集臺科大建築系師生共同進行磯小屋的復舊與活化計畫，並舉辦「舊高等農林學校作業室歷史空間暨文物展」展覽，希望藉由這些活動，讓社會看見磯小屋在臺灣與亞洲農業史中的重要性。（資料來源：wikipedia）

磯小屋裡展示了許文龍親自雕塑的「蓬萊米之父」磯永吉、「蓬萊米之母」末永仁兩尊銅像。（紀慶玟提供）

「竹子湖蓬萊米原種田故事館」的前身為落成於 1928 年之「竹子湖蓬萊米原種田事務所」，是棟約 30 坪的洋風建築，2009 年，臺北市文化局將其公告為歷史建築。2014 年由陽明山國家公園管理處，籌設為「竹子湖蓬萊米原種田故事館」，以地方產業史的保存，及推展環境教育之需求，作為歷史建築再運用發展目標；並於 2015 年 12 月 23 日起開放參觀。（資料來源：陽明山國家公園全球資訊網；洪聖翔攝）

「竹子湖蓬萊米原種田故事館」的展區內，陳列兩座許文龍親塑的雕像：「蓬萊米之父」磯永吉、「蓬萊米之母」末永仁。（洪聖翔攝）

## 羽鳥重郎

# 防瘧蚊、驅病蟲，建立衛生觀念的日本醫生

日本殖民期間，日本政府在臺灣除了進行大規模的產業建設、人口普查等工作以外，還有一項重點任務，那就是防治傳染病。位於亞熱帶的臺灣，炎熱潮濕，有許多日本國內從未見過的傳染病，日本政府遂派遣專業人才來到臺灣投入研究，減緩疾病的傳播。

羽鳥重郎就是當時被派來臺灣的人才之一，而且一待就是四十七年。他有效遏止瘧疾，救回無數人民的性命。甚至在離開公職後，出於對於這塊土地的情意，他選擇留在花蓮，開設「羽鳥醫院」，成為當地第一間兒童專門醫院。對醫療資源相對缺乏的花蓮來說，有著非常重要的意義。

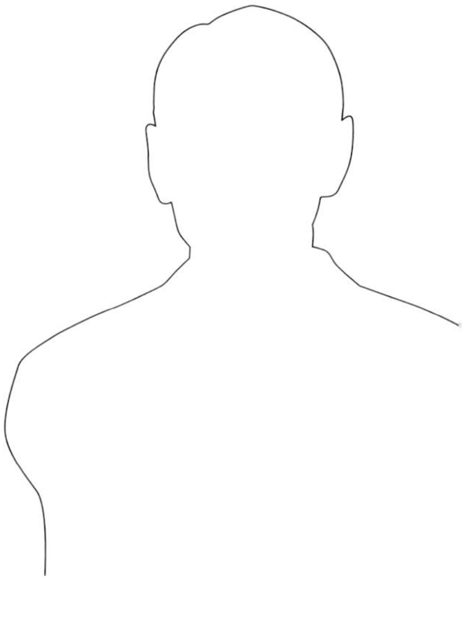

## 愛昆蟲的少年，驅害蟲的功臣

灌注一生熱情在醫療研究的羽鳥重郎，老家位於日本上野群馬縣。三歲時母親病逝，之後家境每況愈下，也有過因廢校而遭退學的經歷。但他熱愛學問，尤其喜歡植物和昆蟲。二十四歲時考到醫師執照，成為東京帝國大學醫學部內科選科生，並從老師青山胤通那裡學習關於熱帶醫學的知識，對後來的工作產生相當程度的影響。之後擔任醫科大學助手及日本郵船船醫的期間，也實際接觸過天花、白喉等傳染病的案例。一八九九年，應徵上臺灣總督府的公醫職務，來到臺灣。

在臺灣擔任公醫的期間，主要的貢獻有二。首先是防治瘧疾。

羽鳥重郎先到臺北衛生試驗室擔任主任，從事病菌和瘧蚊的研究，和其他醫學家一起鑑定出七種瘧蚊。

一九〇九年，有感於瘧疾、霍亂等傳染病肆虐，臺灣總督府成立瘧疾調查團，任命羽鳥重郎擔任防疫醫官，進行徹底研究，他遂前往各地採集樣本，還因此發現新品種的瘧蚊，命名為「羽鳥斑蚊」。運用調查所得，他在北投庄推行瘧疾防治，透過篩檢找出帶原者，服藥追蹤，同時推廣蚊帳，宣導排水及除草，成效頗佳。兩年後他奉命前往當時瘧疾最嚴重的花蓮，負責防疫工作。因在公共事務上表現傑出，獲日本政府贈予單光旭日勳章。

他的第二項貢獻，是發現臺灣恙蟲病。來到花蓮的羽鳥重郎，很快得知當地有一種不明原因的發熱病。他觀察其症狀和日本信濃川地區的恙蟲病類似，經過檢查，真的發現恙蟲病的病原體。他還察覺，傳染途徑不限於老鼠，貓、狗、鳥類都可能是寄宿主，因此向政府提出新的防治對策，並於四年後，在國際發表臺灣恙蟲病的論文，受到矚目。

## 體恤病人，辭官後繼續開醫院

羽鳥重郎不只是一位傑出的研究學者，還是一個慈悲的醫生。

隨著對抗傳染病的經驗不斷累積，他認為衛生機關應該與時俱進。在一九二〇年擔任臺北州衛生課長的時期，成立細菌檢查所。其中不但有細菌檢查室，實驗動物養育室，還特別規劃收容所，提供罹患傷寒的病患及家屬入住到完全康復，期間定期採檢糞便，每個月還補助生活費，非常照顧處於弱勢的病患家庭。

一九二六年辭官後，繼續研究臺灣的傳染病，並於一九三一年繼承花蓮的指宿醫院，改名為羽鳥醫院。因為他對這裡有很深的感情，不願在地居民因為缺乏醫生而受罪。他一直工作到二次大戰後，受國民政府留任，改赴臺灣大學擔任熱帶醫學研究所的技師，之後才被遣返回日本。

羽鳥醫院二代館，如今被整修改裝為秋朝咖啡館保存下來。古色古香的木造建築中，保留了過往的格局，屋內一隅也擺設許文龍為表對這位臺灣傳染病防治先驅的敬重，塑造的半身銅像。

許文龍認為，一個文明的社會，必須照顧弱勢。開設醫院則是回饋社會最好的方式之一。特別是他自己年輕時曾患肺病，為了定時打針，必須就近住在醫院旁，更能體認醫院對人們的重要性。羽鳥重郎不為私利，追求公益的義舉，令他感動。

羽鳥重郎的孫子羽鳥重明，一歲時跟隨祖父回到日本，對臺灣並無印象，但知道祖父對這座島嶼有很深厚的感情。二〇一六年羽鳥重明造訪秋朝咖啡館，看見銅像，感動地說，「這真的是阿公，很像。」雖然羽鳥重郎早已辭世，但他對疾病防治的付出，將持續被後人追念。

位於花蓮市內的秋朝咖啡館，前身即是羽鳥重郎 1931 年退休後到花蓮開設的羽鳥醫院二代館。（蕭之榕攝）

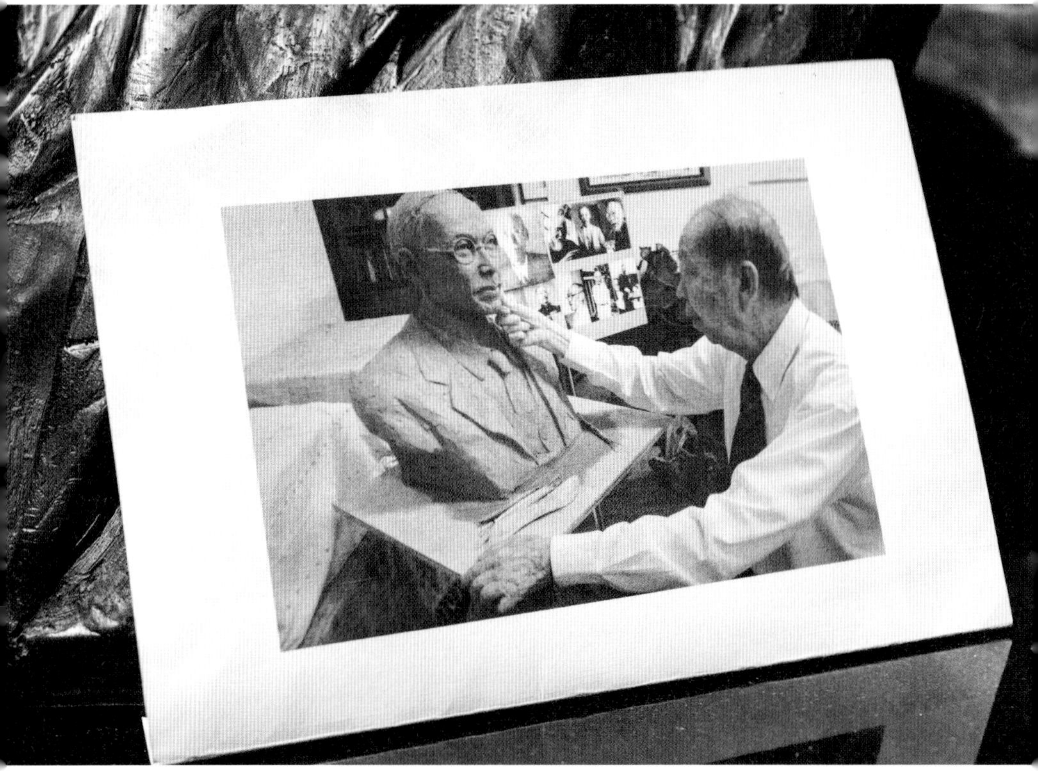

許文龍認為只要對臺灣有貢獻的人，不分國籍都值得紀念尊敬，花蓮秋朝咖啡館內陳列的羽鳥重郎銅像，是許文龍親塑的最後一座銅像。除了秋朝咖啡館外，他也將銅像複製一座，致贈給羽鳥重郎的故鄉日本群馬縣前橋市。（蕭之榕攝）

2016 年，透過群馬縣臺灣總會事務局長頌彥守真等人牽線，許文龍特別打造一座羽鳥重郎的雕像，致贈給秋朝咖啡館，並邀請羽鳥重郎的 71 歲孫子羽鳥重明重返祖父在臺灣的老家，同為醫師的羽鳥重明，傳承了祖父的衣缽在日本開設醫院，時空背景的連結，彌足珍貴。揭幕式當天，時任立委的蕭美琴與代表許文龍出席的奇美博物館顧問紀慶玫合影。（紀慶玫提供）

羽鳥重郎的故事，串起了臺日情誼。2017 年，羽鳥重郎的雕像在他的故鄉日本群馬縣前橋市，舉辦揭幕儀式。（紀慶玟提供）

奉獻一生

# 救助他人

馬雅各

# 乘風破浪，帶入現代化西醫技術

十八世紀英國工業革命，迅速躍為世界第一強權，向各處征服殖民地之餘，海外宣教的活動也緊鑼密鼓地進行。

雖然背後帶有招募新信徒的意圖，但這一波海外宣教，同時把西方世界最先進的知識與科技，帶入相對落後的地區。十九世紀後半葉來到臺灣的馬雅各醫生，便是其中的代表人物。他被稱為臺灣醫療宣教之父，是第一位將現代化西醫帶入這座島嶼的人。

在他的努力之下，一八六八年於臺南二老口設立醫院（俗稱舊樓醫院），亦即今日新樓醫院的前身，是臺灣第一間西式醫院。百年來照顧無數病患，對

在地有莫大的貢獻。

## 捨棄高薪，橫渡萬里來救人

馬雅各的老家在蘇格蘭。他年輕時在英國愛丁堡大學習醫，之後曾到柏林和巴黎的醫學院進修，在學時期的成績非常優異，學成後任職於英國伯明罕的醫院。

從小在自由教會家庭長大的他，深受父親和祖父的影響，擁有虔誠的信仰，一直希望替教會服務。當時海外宣教的風氣正盛，二十七歲的馬雅各立下志向，決心前往相距上萬公里、坐船要花費將近一百四十天的臺灣傳教。

為此，他毅然辭去伯明罕醫院優渥的工作，剪下一束頭髮給未婚妻瑪莉作為紀念物，就這樣飄洋過海來到臺灣。

當時的大英帝國，可以說是世界上最富裕的國家，馬雅各卻毫無留戀，一心只想幫助貧苦的人。救治疼痛的患者，讓他們露出舒坦的笑容，對馬雅各而言，比任何金銀珠寶還要珍貴。

然而，作為一名金髮碧眼的外國人，要打入臺灣的文化並不容易。醫術高明的他，起初在臺南行醫，很快做出口碑，每天有約五十位病患掛號看診。卻引起在地中醫的不滿，謠傳他奪取人的器官製藥，造成群情激憤，還待不到一個月，就被迫搬到高雄的打狗地區。

馬雅各不氣餒。比起繁榮的府城，打狗是一座小漁村，人口少，人民心性單純，在旗後也有英國領事館撐腰，推行醫療宣教容易許多。他在當地蓋了禮拜堂和醫館，打下行醫基礎。之後又和同樣來自英國的冒險家必麒麟，一起拜訪位於今日嘉義、臺南、高雄等地的平埔族部落，並受到歡迎。部落的人發現馬雅各有非常好的醫療技術，也願意尊重部落的文化，許多人紛紛信奉起了基督教。宣教任務有了初步成果，馬雅各也順利和前來會合的瑪莉完婚。

不過，漢人和宣教士的紛爭並未就此落幕。一般民眾忌憚外來宗教，與教徒的衝突不斷，甚至發生打死教徒的事件。加上當時清朝和英商有樟腦貿易的糾紛，種種因素讓情勢更加混亂。一直到英國砲擊安平港，與清朝簽下合約，明言保障自由傳教的權利，馬雅各才得以繼續行醫宣教。他帶著瑪莉返回府城，在臨近官府和闈場的政要地區成立舊樓醫院。之後，由於背疾復發，加上瑪莉生病，才不得已返鄉。

## 愛臺灣的心情，兒子也懂

回到英國的馬雅各，心裡掛念的還是遙遠的福爾摩沙。他的外曾孫女曾形容，對馬雅各而言，臺灣就像是宇宙的中心。

為了持續改善臺灣人民的生活，馬雅各從英國寄了一臺小型的文書印刷機，讓臺灣的教會得以出刊報紙。在臺灣親見很多人因為吸食鴉片而賠上健康、傾家蕩產，他還發起聯署，抗議英國政府賣鴉片給清朝。抗議沒成功，傳教士們決定自己行動，提供戒除鴉片的療程。新樓醫院後來開設戒鴉片的門診，就是由此而來。

馬雅各將時間都用在醫治病患，與家人相處的機會不多，但這份愛心，傳承給了下一代。兩個兒子都繼承衣缽，成為醫師。次子馬雅各二世甚至在一九〇一年抵達臺灣，接任新樓醫院的院長，持續服務長達二十二年。一家人為臺灣的付出，獲得後人的敬重。

早年的福爾摩沙，除了強權爭奪，也是一座令人望聞生畏，充滿傳染病的溼熱島嶼。馬雅各卻情願捨棄原本舒適的生活環境，來到臺灣傳教。

「臺灣歷史上，荷蘭人、日本人對臺灣都有貢獻，還有其他具有重要意義的，就是這些宗教人士了。宗教的力量很偉大，馬雅各在英國可以生活得很好，來到臺灣卻有當地人想要攻擊他，他都仍然親自來看病人。」許文龍認為這番善行很不容易，親塑其銅像贈予新樓醫院，表達尊敬之情。

位於臺南市東區東門路上的新樓醫院最早可追溯自 1865 年馬雅各開設的看西街醫館；1868 年 12 月，馬雅各與助手吳文水重返臺南，次年一月，租下二老口街許厝公館，設立醫館及禮拜堂，是為「舊樓」。1879 年，安彼得醫師接任院長，因患者人數增多，開始著手規劃興建大型醫院，1900 年，新醫院落成。同年 4月，將醫館由舊樓遷移到新址，並命名為「新樓」。（資料來源：wikipedia；鄭凱騰攝）

2011 年 7 月，許文龍將親手捏製的馬雅各醫師銅像，贈送給臺南新樓醫院，做為馬雅各創設新樓一百四十年院慶的賀禮。馬雅各傳世的照片，大都呈現出他大鬍子的畫面，許文龍採取折衷做法，將銅像的鬍子減少一些，使得臉部的輪廓更為清晰，鼻、嘴的線條相當突出，凸顯出馬雅中年時期的堅毅形象。（鄭凱騰攝）

2011 年 11 月，許文龍將親塑的馬雅各銅像，捐贈給臺南太平境馬雅各紀念教會及位於臺南市左鎮區的臺灣基督長老教會岡林教會。（鄭凱騰攝）

甘為霖

# 奮鬥半世紀，替盲者指路

一八八四年，牧師甘為霖在臺南教會巡視的時候，有人介紹了一位想認識上帝的盲人給他。盲人雖然看不見，腦袋卻很聰明，自稱十年前遭逢歹徒襲擊，在巷內被人攻擊後失去雙眼，從此看不見任何東西。

甘為霖聽了之後相當震驚。他很快留意到，臺灣盲人的數量龐大，遠遠超過官府統計。這群失去光明的人，經常淪為乞丐，或只能做搗米、踩水車等基層的工作，生活非常困苦。幼年時期也曾一度面臨失明危機的甘為霖，內心非常不捨，決心改善盲者的生活。

他曾寫道：「盲人工作是我們必須優先關心的事。」這群人必須能夠自力更生，才有辦法獲得更好的生活條件，而這一切必須從教育開始。

於是，甘為霖開始四處募款，並研究當時歐洲和美國盛行的點字法，仔細調整細節，讓這套系統能在臺灣使用：包括拼字方式，字體大小，換行規則，還有印刷價格等。他依此完成了以羅馬拼音、浮凸印刷製作而成的《馬太福音》，比較基督教信仰和中國道教信仰差異的問答集，以及一些閱讀物。這些讀本，成為了盲者獲取知識的管道。

一八九〇年，他在自宅辦起盲人學校，之後擴充成為盲校「訓瞽堂」，教導盲人基本的知識和生活技能。還跑去東京，說服後來的日本殖民政府興辦官立盲人學校。他對視障學生的關切之深，甚至還籌錢寄去給前往日本深造的盲人學生，就怕他們盤纏不足，受到委屈。

甘為霖在臺灣服事期滿，最後要返回蘇格蘭的時候，多達三、四十位盲友來替他送行。他的付出，替這群原本淪為底層的苦難人，帶來溫暖和希望。

## 惡徒和老鼠都嚇不倒他

金髮白膚的甘為霖，家鄉位在蘇格蘭的格拉斯哥，三十歲的時候，受英國長老教會的聘僱來臺宣教，前後長達四十七年。

他一心要完成宣道的使命。從發達的英國遠渡重洋抵達地球另一端的小島，還沒登岸，就在臺灣海峽遇上大風浪，攜帶的行李悉數遺失，差點丟了性命。

抵達臺南後，他四處拜訪教會。路上隨處可見漢生病人，教會裡也有橫竄的老鼠。甚至在他成為明鄭以來第一位前往澎湖宣教的宣教士時，在島上每天只能吃發霉長蟲的番薯，一個月後病倒送醫。諸多磨難，都沒有讓他喪氣。

許文龍感嘆，一般人只想跟正常人對話，慈悲為懷的善者，卻能看見痛苦貧困的人，「甘為霖願意投身聾啞教育，功勞很大，他甘願從好的環境跑來這裡，真的非常偉大。」

甘為霖在臺灣雖然時常身處困境，卻不是弱者。白水溪改建禮拜堂時，當地的霸主吳志高曾以教堂不利祖墳風水為由，攻擊在地信徒，還夜襲甘為霖的住處。他機智地以棉被阻擋長茅的刺擊，跳進水溝，再沿著山路一路跑到嘉義市報案。並在官員拒絕援助之際，凜然地說自己身為受害者，有權獲得保護。官員害怕演變成國與國之間的衝突，決定以禮相待，派遣護衛送他歸返，並下令吳志高付出賠償金，重建被搗毀的教會。

## 替島嶼寫下歷史文獻

除了地方勢力的反彈，宣教士還必須面對原住民的進攻，野外猛獸的威脅，以及各種難測的天候環境。但即便是最辛苦的時刻，甘為霖始終勤勉，不斷寫筆記，還去荷蘭史料館查詢資料，並翻譯成英文再行彙整。其著作《荷蘭人統治下的臺灣》，成為非常珍貴的臺灣歷史文獻。此外亦著有《在臺宣教的成功》、《臺灣素描》等書，日本人也相當喜愛。

甘為霖也活用自己在語言方面的長才。多年在臺灣宣教，他融入在地民情，臺語早就練得相當流利。離開臺灣前在臺南出版《廈門音新字典》，字數多達一萬五千字，對於後世臺語研究有著莫大的助益。

不論是投入盲人的教育，宣教，還有各種書籍的撰寫，甘為霖一輩子和福爾摩沙小島交織共生，晚年甚至捐出家產，作為英國宣教士在臺的費用，慷慨付出的精神令人佩服。

甘為霖於 1891 年成立「訓瞽堂」，是臺灣盲人點字教育之始，為臺灣特殊教育的先聲。日治時期，於 1900 年指定「臺南慈惠院」（今私立臺南仁愛之家）接辦「訓瞽堂」，成立「盲人教育部」。並於 1915 年增設「啞生部」改名「私立臺南盲啞學校」。光復後，1946 年更名為「臺灣省立臺南盲啞學校」；2000 年改名為「國立臺南啟聰學校」；2012 年 2 月起成為國立臺南大學附屬啟聰學校。（資料來源：國立臺南大學附屬啟聰學校簡介；鄭凱騰攝）

放置在臺南啟聰學校教室一角的甘為霖牧師銅像。
（鄭凱騰攝）

位於臺南市東區巷弄內的臺南神學院圖書館，門口靜靜地放置著一座甘為霖牧師的銅像。（鄭凱騰攝）

林澄輝與林鄧璐德

# 慈愛不分國界，病痛者是家人

「一般人不敢親近痲瘋病患者，璐德卻如慈母一般照顧他們。每天一早醒來，就巡視病房，親自餵藥，傾聽他們受傷心靈的聲音。」回憶起鄧璐德無私的付出，恩惠文教基金會前董事長莊雅棠感動地指出。

充滿愛心和勇氣的鄧璐德，來自美國德州，一九六一年和臺南仕紳的么子林澄輝結為連理。這不但是一段早年罕見的跨國戀情，夫妻倆更全心投入醫療照護，救治超過一千名漢生病（俗稱痲瘋病）患者、兩百名小兒麻痺患者，晚年更積極投入幼兒、老年人的照顧行動，對地方貢獻甚鉅。曾獲前總統陳水扁頒發三等景星勳章，以及紫星大綬景星勳章。

## 侍奉上帝的少女，來臺遇見一生的伴侶

早在鄧璐德還是一位少女的時候，便立志要為上帝服務了。當其他女孩都在跳舞玩樂，她卻一點也不受誘惑，捧著《聖經》研讀。其父親是鎮上的教育首長，一直期待女兒從事教職，反對她投入宣教。但鄧璐德不顧父親的強力反對，在基督徒母親的支持下加入內地會，先是被派到中國擔任宣教士，之後由於中國政局動盪，無神論的共產黨不容許宗教活動，她於是輾轉來到臺灣八里的樂山療養院，並結識了當時在院內接受治療，日後成為她丈夫的林澄輝。

林澄輝身材壯碩，頭腦精明。雖然年少時曾因為罹患漢生病，以及二戰爆發的緣故，不得不中斷日本求學之路，但他勤奮樸實，而且很有投資理財的概念。更因為自身的經歷，對漢生病患者深具同理之情。

他們同樣具備悲天憫人的胸懷，才相識沒多久，就屬意對方做為一生的伴侶。無奈當時內地會規定宣教士不得和本地人戀愛結婚，鄧璐德因此果斷地返回美國辭職，取得家人認同，再以獨立宣教士的身分來臺，和林澄輝並肩走向

榮耀上帝之路，個性果敢堅毅。

此後，兩人並沒有享受浪漫的夫妻生活，而是捲起袖子，全心全意地照顧漢生病人。

早年漢生病令人聞之喪膽，許多病患被隔離，驅逐，甚至偷偷灌以毒藥殺死。鄧璐德曾在探視病患時，發現對方被囚禁在設有鐵窗的房間裡，吃睡排泄都不得離開，不由得大吃一驚。她苦苦說服對方家人讓她帶病患去療養院，最後雖然成行，病患卻在入院不久後死去，令她十分悲痛，哭著說，「要是早一點發現就好了！」

由於發現南部的患者更多，兩人南下，於一九五六年在林澄輝的故鄉臺南成立「臺南特別皮膚科診療所」，兩年後又設立「嘉義特別皮膚科診療所」，並參加國際研討會，吸收新藥物的資訊。自此奮鬥十餘年，南部終於不再出現漢生病例。

## 出錢出力，連家產也無悔捐獻

成功遏止漢生病的傳染以後，他們結束診療所，轉身創設光明敬業院，協助年少的小兒麻痺患者就學就業。

兩人結婚但沒有生子。對他們而言，院裡的孩子，就像是自己的孩子。孩子們玩球時，林澄輝在旁邊推著割草機，滿身大汗，臉上卻掛著笑容，絲毫不以為苦。孩子們犯了錯，鄧璐德苦口婆心地規勸「按呢袂使」（臺語：這樣不行）。

二〇〇五年，他們又有感於國內貧窮老人的問題日益嚴重，毅然捐出自家將近五百坪的土地以及六千萬給臺南市基督教青年會，建造老人服務中心「德輝苑」。二〇一一年林澄輝逝世前，捐出更大筆的土地和款項，興建老人養護中心和社福大樓。種種無私的善行，讓周圍的人都十分敬佩。

許文龍認為，醫療品質影響人民生活甚鉅。他自己也曾自費七億承接負債的醫院，改裝成奇美醫院，要求最好的品質與設備，認為這是最直接幫助社會大眾的方法。

當他聽聞林澄輝和鄧璐德夫婦的事蹟，內心非常感動，曾邀請兩人餐敘，並花費半年時間製作兩人的雕像。如今這對夫妻皆已蒙主恩召，但所做的事蹟，帶來的恩惠，將持續造福後世。

有人詢問鄧璐德，這一路走來，是否遇到什麼困難？她總是回答，沒有什麼困難，別陷在問題中，只要靠著禱告，神就會幫助你。她撐著病痛的身體，親眼看見丈夫捐贈的大樓落成，之後便辭世長眠。臨終前喃喃唸著「阿們」，傳遞著堅貞的信仰，替辛勤奉獻的人生劃下句點。

2015 年，許文龍在聽聞林澄輝和鄧璐德夫婦的事蹟後，內心非常感動，曾邀請兩人餐敘，並花費半年時間製作兩人的雕像。（紀慶玟提供）

竣工誌

2015 年 8 月，林澄輝紀念大樓啟用，許文龍親自到場致贈銅像，高齡九十六歲的林鄧璐德全程參與，當時的臺南市長賴清德與眾多地方人士亦到場致意。（紀慶玟提供）

許文龍親塑的林澄輝與林鄧璐德銅像，安置於基金會的紀念館內。（鄭凱騰攝）

為了紀念林澄輝夫婦對台南市醫療、社會服務工作的貢獻，許文龍親手捏塑兩人的銅像，目前收藏於林澄輝社會福利慈善事業基金會及恩惠文教基金會內。（鄭凱騰攝）

# 追求公義

奉獻一生

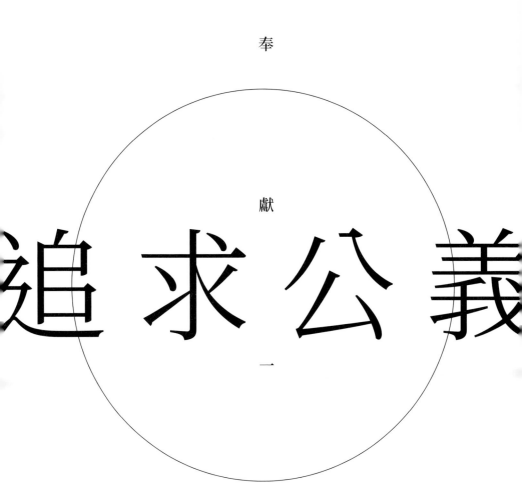

# 柯旗化

## 牢獄不能屈，針砭時政的凡人教育家

一九八七年，柯旗化發表〈母親的悲願〉一詩，紀念四十年前在二二八事件中，因公開抨擊當局而被逮捕槍決的學長余仁德。詩中模擬余母的角度，悲嘆兒子因挺身抗議而喪命，令人斷腸心碎。

與此同時，他創設《臺灣文化》季刊，鼓吹臺灣意識，並積極在《新國家》、《新文化》、《民眾日報》等刊物，發表批判極權政府、支持臺灣自決的文章。

當時已近花甲的柯旗化，在此之前無端坐過兩次黑牢，前後共計十七年。期間遭受諸多不人道對待和威脅，家庭也深受牽累。從未涉足政治活動的他，蒙受不白之冤，對執政的國民黨徹底幻滅。出獄後，他不但沒有因為痛苦的遭遇而膽怯，反而更加嚴厲地撰文批評執政者，反映出他認為不公不義之事，就應該堅決反對到底的性格。

「普通人被關一次就怕了，他出來後還是繼續講，這真的很少見。所以這一點我很欽佩他。」許文龍曾如此說道。

## 勤奮的教育家，寫出爆紅英文參考書

柯旗化出生於雙親皆不識字的勞工家庭，靠著自己的努力，考上公費師範學院（今國立臺灣師範大學）英語科，之後陸續在高雄旗山中學、高雄市立一中、高雄市立女中等校任教。

他教學十分認真，總是不斷修改教材，以簡潔明白的方式讓學生理解困難的英文文法。其回憶錄中，曾寫到參與教育研討會時，對於美國女博士帶來分享的英語課本印象深刻，讚嘆人家能以深入淺出的方式教學。他還在當時沒有影印機的情況下，向女博士借來課本，用鋼筆從頭到尾抄了一遍，對方見他如此認真，也相當驚嘆。

「臺灣的英文教育失敗，主要原因在於趕不上時代的課本和沒有受過充分英語會話訓練的英文老師，」柯旗化表示。由於他的教學能力十分出色，後來經營補習班也深獲學生的青睞。他集結學校和補習班的教材，出版《初中英語手冊》，又增補修訂為《新英文法》，一躍成為暢銷書，三十一年增印一百零五版，寫下銷售一百萬冊的驚人成績，堪稱參考書的典範。他為了出書而自行成立的第一出版社，規模雖小，卻也仰賴參考書的熱賣，營運超過半世紀，成為家中重要的收入來源。

本書受歡迎並非毫無理由。柯旗化指出，自己參考超過一百本美、英、日的文法書，整理成讀者容易理解的內容，再搭配練習題。當初編寫時，平均五小時只能寫一頁，最後整本將近七百頁，非常紮實。

## 無故被關黑牢，家人和寫書成為救贖

如此熱愛教書，又有傑出成就的老師，卻無故承受牢獄之災。二十二歲剛開始教書沒多久，便因子虛烏有的口供被捕，送去綠島新生訓導處。三十二歲時，因為學生的私人書信提及二二八事件，被當局懷疑要謀反，再度莫名受牽連，被抓到警總保安處，又送去綠島感訓監獄，和柏楊、陳映真等作家同樣關在第六區。看不見盡頭的苦牢中，一度想尋短，最後憑藉著對家人的思念撐下來。他熬過獄中複雜的本省外省、共產臺獨的派系鬥爭，利用時間針對《新英文法》進行修訂，作為寄託。

妻子蔡阿李始終是堅強的後盾，獨力扶養三個孩子長大，並都有很好的成就。其中次子柯志哲就讀臺大社會系，後來成為臺大教授，曾為文感嘆父親做人平實，卻被捲入政治的慘劇，「我們心裡疼惜思念的不是一個豐功偉業的大人物，而是一個略帶天真、守分而可以信賴的凡人。」

柯旗化於一九九六年確認罹患阿茲海默症，二〇〇二年初病逝，享壽七十三。雖然當時神經已退化，但有生之年還是見證了臺灣首度的政黨輪替。晚年不僅創辦季刊，也出版詩集、自傳，寫下對家鄉的愛惜，以及身為臺灣人對國家未來的期待。

更重要的是，九零年代臺灣民主化之後，政府開始正視二二八事件，逐步進行追思與補償，大眾也漸漸敢公開討論。對於曾經歷恐怖牢獄歲月的人而言，彷彿生命中的一絲曙光，吶喊了數十載之後，終於獲得回應。

許文龍最欽佩柯旗化對執政當局敢於直言的性格，兩人私下也有書信往來，臺灣歷史博物館還收藏有許文龍寄給柯旗化的親筆信紙。（紀慶玟提供）

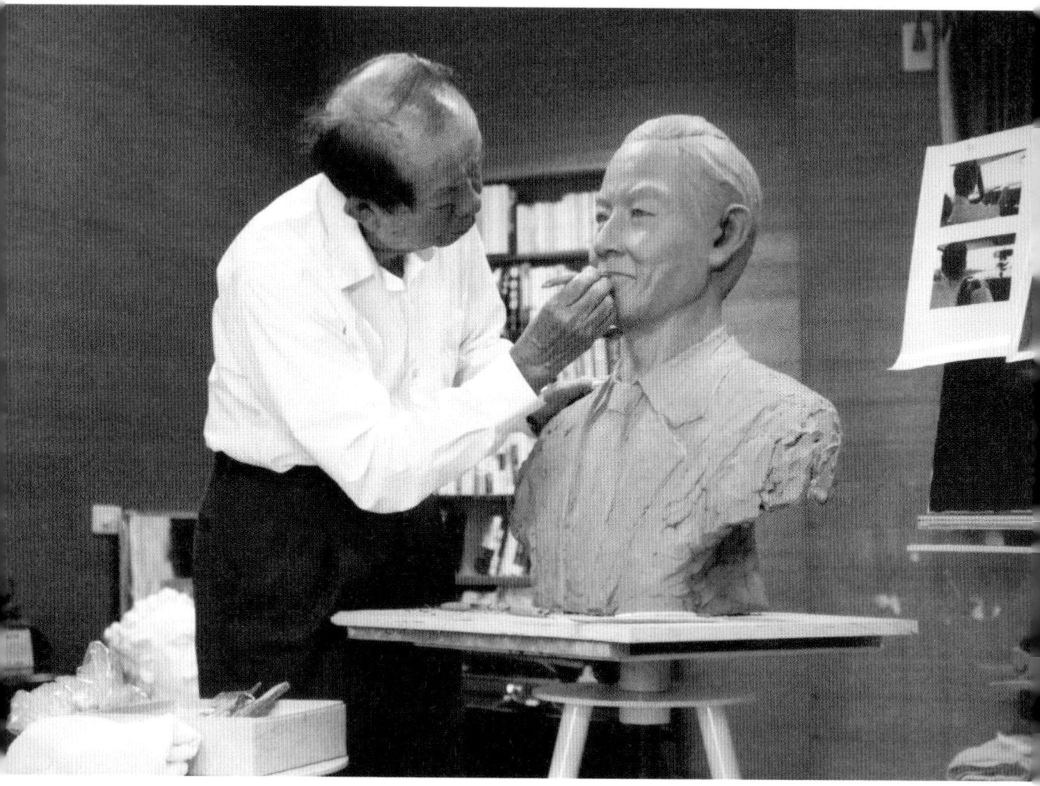

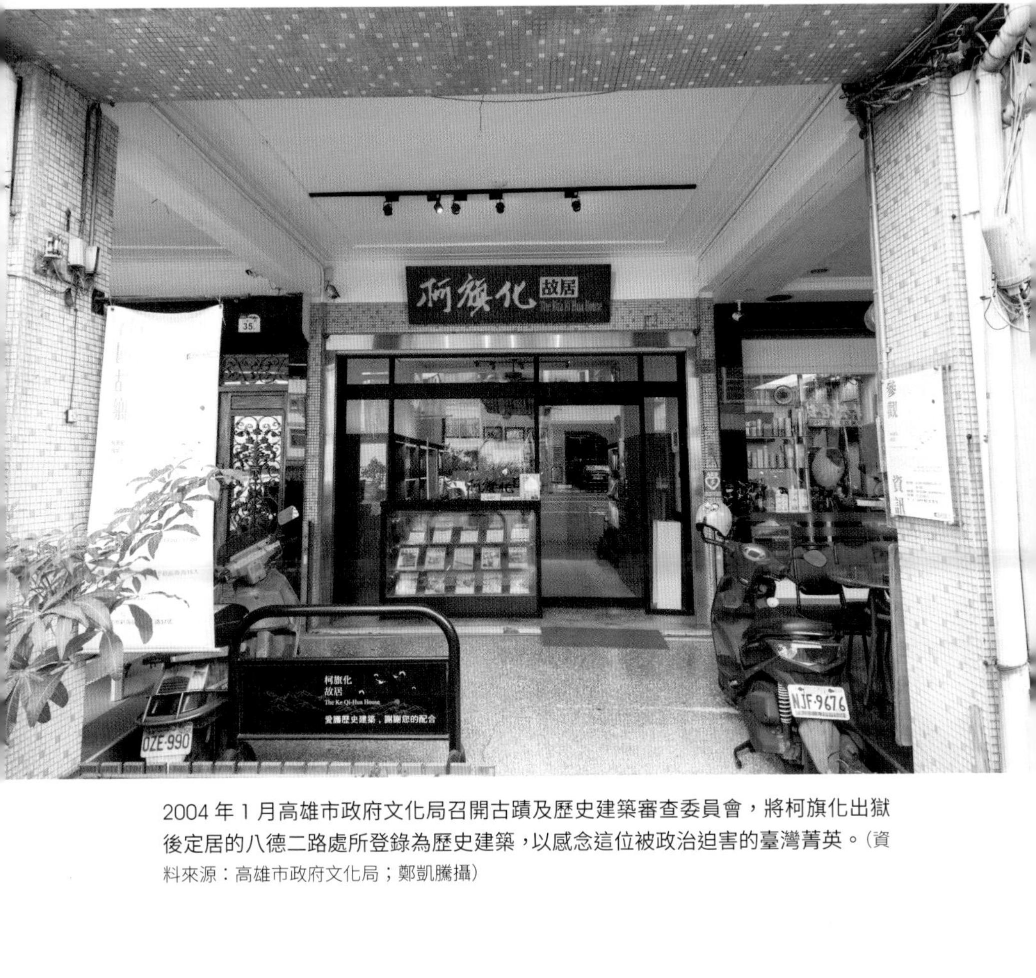


2004 年 1 月高雄市政府文化局召開古蹟及歷史建築審查委員會，將柯旗化出獄後定居的八德二路處所登錄為歷史建築，以感念這位被政治迫害的臺灣菁英。（資料來源：高雄市政府文化局；鄭凱騰攝）

柯旗化在高雄市新興區的故居「第一出版社」，已於 2013 年 2 月 18 日開放參觀。成立於 1958 年，以「推廣英文教育」與「維護臺灣文化」為職志，創立五十年以來，透過出版、編輯，一貫奉獻於臺灣的教育與文化，既深耕而且本土，堪為出版界的表率。（資料來源：高雄市政府文化局；鄭凱騰攝）

柯旗化故居建於西元 1965 年，故居建物本身雖不具年代久遠的條件，但其使用者反映時代歷史氛圍與背景，即政治受難者本身及其家屬共同交織出此建物的歷史文化內涵。（資料來源：高雄市立歷史博物館；鄭凱騰攝）

## 高一生

# 用一輩子守護鄒族的春天

許文龍曾在自傳中大力提倡地方自治的重要性，甚至鼓吹臺灣學習美國聯邦制度，讓臺灣各地獨立運作：「小而美真的好處很多，有效率、透明化、減少黑金，然後社會比較有正義、城市有競爭力、人民也可以很自由。」他指出類似威尼斯、佛羅倫斯等城市國家，都是因為在地擁有高度自治權，而發展出偉大的文藝復興。

言下之意，中央政府應該尊重地方的意見和文化，對人民才是最好的。

臺灣在歷史上不斷被外來政權把持，受害最大的是原住民族。但有一位充滿理想和行動力的阿里山鄒族青年，窮盡一生為了讓族人過上更好的生活而奮

鬥，甚至最後死於牢獄也無怨悔，在臺灣近代史上寫下勇敢但鮮為人知的一頁。這位青年是高一生。

## 窮畢生氣力，實現原住民自治區

高一生原名 Uyongu Yatauyungana，父親逝世後，被日本人收養，改名矢多一生。

十七歲時，他進入臺南師範學校，開始接觸現代化的思潮。期間除了放假時會回部落從事幼童教育以外，也協助俄國語言學者聶夫斯基翻譯特富野部落的語言和民間文學。

從高一生反覆畫線註記的研究著作《哈威先生》中，可以觀察他當時的願景。此書描述美國郊區的貧窮小村莊，如何以農業為基礎，蛻變成繁榮發達的先進農村。雖然這原是日本學者拿來作為振興日本東北地區的參考方案，卻對高一生有莫大啟發。

他認為，鄒族若能好好發展農業，建立合作社等制度，必能擺脫衰落的命運，過上富足的生活。更重要的是，這不應該掌握在殖民的日本政府手中，惟有族人主動努力，模範自治農村的理念才可能實現。

為了完成心願，幫助族內繁榮，畢業後獲得日本賞識的高一生，返鄉並進行改革。包括要求服裝儀容、家屋清潔、農耕技術等。當時曾引起反彈，但日後也有不少長者表示懷念當時雖然管理嚴厲，生活卻「有秩序、有禮貌」。然而就算認同日本的先進與強大，高一生依舊反對說服族人加入高砂義勇隊，因為這會導致原本人口就少的鄒族受到嚴重傷害。當時曾因此被長官嚴厲斥責，他也每每在收到戰死族人的骨灰時，一邊哭泣一邊喝酒解愁。

戰後國軍來臺，在族內聲望早已超越傳統長老的高一生，出任吳鳳鄉首任鄉長，希望延續日治時期已有的基礎，繼續推動原住民自治。他請求臺南縣政府把日治時期的農地劃入吳鳳鄉，並鼓勵族人前往農耕，成為如今的山美、茶山等部落。

他親自四處尋找合適的作物品種，成立農特產運銷處，規劃農場和引水道，還發動造林。甚至活用就學期間習得的音樂技藝，寫下多首鼓勵族人前往南方土地耕作的歌曲。

## 含冤被捕，獄中不忘寫歌贈妻

對高一生來說，替族人謀求更好生活而努力，是再自然不過的事。然而看在當時的國民政府眼中，受過日本教育的地方領袖，大舉推動地方自治，幾乎等同叛亂。加上二二八事件時，高一生曾基於人道精神，救助逃難到山裡的共產黨員，更使中央心存忌憚。

一九五二年，高一生被冠上貪污罪而被當局逮捕，兩年後依「匪諜叛亂罪」遭槍決，年僅四十七歲。在獄中的期間，他不斷寫信給家裡，要親人放心，政府必會還予清白，還為了鼓勵妻子高春芳，以她的名字寫下「春之佐保姬」一曲。但千萬思念終化成灰，高春芳最後只能從臺北帶回丈夫遺體，回鄉火化。

作為鄒族首位接受現代教育的知識份子，高一生熱愛音樂，利用所學知識，在不同政權底下爭取資源，繁榮族內。雖然一度遭同族疏遠，最後不幸死於冤罪，但時隔多年，一如其遺言，他終獲平反。在世時單純、質樸，希望為同胞盡一份力的純真心意，也令後人不捨。

「春之佐保姬」的歌詞：「是誰在高山的深處呼喚／在故鄉的森林遙遠的地方／用銀色鈴鐺華麗的聲音」不僅獻予最摯愛的妻子，也彰顯出高一生無時無刻，對於故鄉山林的深切思念。

2014 年許文龍親塑高一生銅像，致贈其家屬，銅像目前由高一生的次子高英傑先生（Yavai・Yatauyongana）收存。（高英傑提供）

許昭榮

# 燃燒自己，照亮流離戰士魂

二〇〇八年五月二十日，贏得總統大選的馬英九在臺北小巨蛋參與就職典禮，支持者莫不歡欣鼓舞。然而在島嶼的另一端，眼見政黨輪替的老兵許昭榮卻覺得天黑一片，寫下留給親友的遺書之後，於高雄旗津的戰爭與和平紀念公園引火自焚，抗議政府要將公園改名、移走紀念碑的舉措，也替自己長年奔走，為臺籍老兵爭取權益的人生，畫下句點。

事情爆發後，許多人無法理解許昭榮為何選擇如此極端的方式抗議？連許昭榮寫給友人的遺書裡，都說能了解自己行為的人恐怕屈指可數。即使如此，他依舊以死明志。他寫道：「人生之真諦，活得要有意義，死得要有尊嚴，吾視死如歸。」

他的努力和自絕，保留住了園區。戰爭與和平紀念公園暨主題館在其逝世周年落成啟用，成為全國唯一紀念二次大戰，國共內戰及韓戰，臺籍老兵犧牲奉獻的主題館，並由高雄市關懷臺籍老兵文化協會管理。

許昭榮認為，同樣受到戰爭摧殘，臺籍老兵的待遇卻比不上跟隨國民政府來臺的外省老兵。二二八事件已獲平反，但上萬名當初從臺灣被誘騙遣往戰區的臺籍老兵，要不客死異鄉，要不在戰後因故無法回到臺灣，受盡折磨，成為無名冤魂，令他痛心。加上不論國民黨或民進黨主政，皆對這群無名戰士採取冷漠的態度。種種原因，逼使他最終以激烈的手法表達不滿。

## 命運無情折騰，幾度政治受難

許昭榮會如此憤慨，和他自身的境遇有關。

他是屏東縣枋寮鄉的農村子弟，家境並不富裕。十二歲時父親逝世，被迫半工半讀完成公學校的學業。太平洋戰爭爆發後成為日本海軍，國民政府接收臺灣以後，又為了躲避二二八事件引發國民黨掃除異議份子的清鄉行動，加入海軍，參與山東青海的國共內戰。

一九五五年，他奉命前往紐約接收驅逐艦，回國時因攜帶《臺灣獨立運動第十年》的宣傳手冊，遭到拷問刑求，隨即被送去綠島關了十年，家中經濟也因此頓失依靠，家人過著窮苦的生活。一九六八年出獄後改行貿易，又疑似遭人陷害，因為產品包裝上印有「Made in Republic of Taiwan」的字樣被捕，限制出境八年。一九八五年，他在美國參與支持施明德獄中絕食的示威遊行，被吊銷護照成為政治難民，直到獲得加拿大政府的政治庇護而移居多倫多。

三度政治受難，令許昭榮痛恨由國民黨把持的政權，堅信臺灣應採民族自決，建立自己的國家。也因此，當他在加拿大為了追尋國共內戰時同袍好友的下落，並因緣際會得知尚有二十位被俘滯留中國的臺籍老兵時，決心發起讓海外老兵回鄉的運動。這些老兵和他一樣受時勢所逼，先是在日本的威權統治下求生，再替空降的國民政府出海打仗。倘若僥倖未死，文革時期也飽受批鬥下放。許昭榮了解那種不知為誰而戰，不知為誰而死的痛苦，決心討回公道。

從臺灣政府的黑名單除名後，他屢次前往中國各地，包括華北、東北、中原等，搜尋臺籍日本兵和臺籍國軍的蹤跡。之後整理超過二千六百件文獻資料，並集結老兵們，成立「中華民國原國軍臺籍老兵暨遺族協會」，向中央要求建碑慰靈，以及合理的撫慰金。

## 搏命換得遲來的關注

直到自焚逝世之前，許昭榮花費二十年，全心投入這場僅有少數人關心的抗爭行動。

期間受到眾多挫折。他為文批評，螢光幕上看見國民黨主席連戰宴請歷經國共內戰的退役上將，大家談天說笑，享受榮華富貴，卻不知默哀當時在第一線成為炮灰、命喪沙場的士兵。

但民進黨主政後，迴避的態度同樣令他心寒。他於遺書寫道，得知好不容易爭取得來的戰爭與和平紀念公園要被更改名稱的時候，便經常想，「陳水扁總統在卸任前，只要三分鐘、五分鐘也好，能夠排除萬難親臨旗津『戰爭與和平紀念公園』，對臺灣歷代戰歿英靈獻上一朵花，說一句慰勞的話就好。」但願望並未達成。直到二〇一六年，時任總統蔡英文出席公開活動，向臺籍老兵致意。

自焚的事件震驚國內，也撼動了原本冷漠的執政者。提及這段慘烈過往，人們無不肅穆以待。許文龍亦然。他尊敬許昭榮揭穿史實、犧牲殉道的精神，雕塑其銅像並贈予關懷臺籍老兵文化協會，如今置放在戰爭與和平紀念公園主題館內。

至今，主題館每年都會舉辦追思儀式，緬懷戰時亡魂，也紀念為其權益奔走的許昭榮。館中除了臺灣兵的資料以外，也關注慰安婦、看護婦、戰俘船、高座少年工的議題。許昭榮年輕時親見戰爭的殘酷，也用後半生的努力，讓大眾知曉和平的珍貴，以及追尋公平正義的重要。

二次世界大戰、國共內戰與韓戰，讓許多臺灣子弟成為日本兵、國軍及共軍。他們不知為何而戰，也不知道為誰而死。中華民國原國軍臺籍老兵暨遺族協會前輩，許昭榮先生多年來積極奔走，催生出「戰爭與和平紀念公園暨主題館」，選定臺籍老兵出征時最後一瞥的故土——高雄旗津面海興建。（資料來源：高雄市立歷史博物館；鄭凱騰攝）

許文龍有感於許昭榮追求公義、揭穿史實、犧牲殉道的精神，2012 年親手雕塑許昭榮銅製雕像，並於 2013 年 1 月 31 日高雄市立歷史博物館和高雄市關懷臺籍老兵文化協會辦理「沒有國家保護的戰士」常設展暨許昭榮文物捐贈及銅像揭綵典禮，將許昭榮紀念銅像安置於戰爭與和平紀念公園主題館內，供各界緬懷其人格風範。（資料來源：文化部國家文化記憶庫；紀慶玟提供）

**戰爭與和平紀念公園內的許昭榮紀念碑。**（資料來源：文化部國家文化記憶庫）

台灣海軍技術員兵大隊
Taiwanese Naval Engineers
台湾海軍技術兵員大隊
許昭榮生平介紹

戰爭與和平紀念公園主題館內的許昭榮銅像。（鄭凱騰攝）

# 耕耘文化

奉獻一生

沈光文

# 在亂世島嶼，寫一段寧靜的詩

一六八五年，七十四歲的沈光文，與十幾位同好共創「福臺閒咏」，後改名「東吟社」，是臺灣歷史上第一個漢語詩人結社。年事已高的沈光文，在經歷這麼多年異鄉的顛沛流離，孤單寥落的歲月之後，終於在晚年獲得文采絕佳，能一同賦詞作詩的忘年之友，令他格外開心。

結社每月的集會中，不分長幼，不飲酒作樂，純粹是出自對文學的喜愛而生的交流活動。舉次聚會後，「人俱如數，詩亦無缺」。該年春天，心中長年鬱悶彷彿獲得紓解的沈光文，寫下〈東吟社序〉，文中以「至止者人盡蕭騷，落紙者文皆佳妙」，稱讚詩社成員的才氣橫溢，而他則「勃勃焉不能自已」，

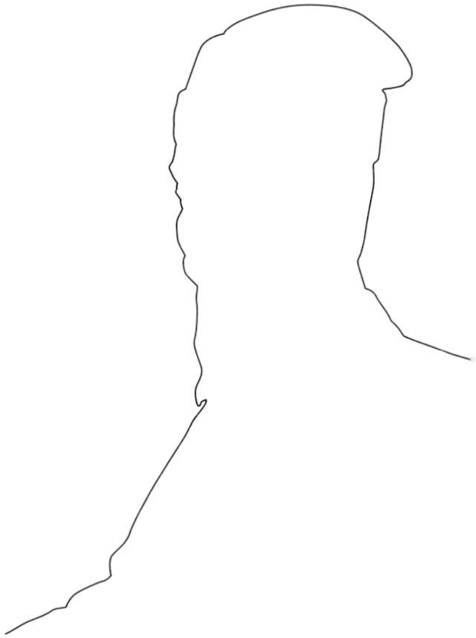

愉悅之情溢於言表。

儘管詩社維持時間不長，沈光文也在三年後病逝，但這短暫的君子之會，卻是臺灣文學重要的里程碑，宛如一股清流，在漫長而艱苦，充斥各種政權轉移和鬥爭的島嶼拓荒史中，留下一塊明淨之地。

## 意外來臺，致力行醫和教育

沈光文是明朝最後一代文官，也是陸九淵門人沈煥的後裔，曾任南京國子監。當時清朝勢力不斷擴大，南明如風中殘燭，沈光文一路南下，原本打算移居泉州，卻在渡船時遭遇颱風，被吹來臺灣。

隨後他受到同樣力倡反清復明的鄭成功的禮遇，並建議鄭成功要招募華人，建置官署、學校，並照顧老幼。鄭成功死後，沈光文批評鄭經的施政，因此陷入危險處境，先是入庵為僧，又避居羅漢門（今高雄內門），之後落腳目加溜灣社（今臺南善化）。

即便時運不濟，沈光文卻沒有自怨自艾。在目加溜灣社不但行醫助人，還教導平埔族及漢族的孩子們讀書寫字。其祖籍鄰近講閩南話的舟山群島，因此閩南話難不倒他，也能說平埔族語，和學生們溝通並無障礙。此外，過往荷蘭人設的學校多教導宗教和荷蘭歷史，沈光文則能說經史子集，奠定居民的漢學基礎。

除了教書，他也是一位勤勉的考察員。經常到處奔走，仔細地記載島內各處的地理、物產，成為後世追溯當時臺灣樣貌的重要依據。其中最具代表性的是〈臺灣賦〉，敘述種族、戰爭、史地，並批評時政，成為後來作臺灣賦文者效仿的藍本。亦寫各種花草和生活情境，蛙聲、椰子、凍頂茶，都成寫作主題，也透過詩文抒發謫居異鄉的哀愁。

## 成為詩社的領導者

晚年籌辦的東吟社，是沈光文人生末期的重要轉折。詩社的另一位發起者季麒光，是清朝派任臺灣的首位諸羅縣令。長年飽受鄭經政權威脅的沈光文，儘管與季麒光的政治立場不同，卻欣賞對方喜愛詩文的情懷，因而結為好友，一同領導詩社。兩人地位崇高、影響力大，吸引不少流亡臺灣的明末文人，和清初因職務來臺的文官，成就一段臺灣文學史上別具意義的風雅之會。對沈光文而言，在人生最末，得一知己，可說是沒有遺憾。

許文龍一直以來都強調文化的重要，並認為真正的文化誕於生活，是民間自然而然的產物。東吟社就是這樣的存在。許文龍感念沈光文啟迪民智的作為，特別雕塑其銅像，其中一尊放置在臺南一中。

二〇二一年，獲得校方邀請，沈光文第十二代直系子孫沈榮麟造訪臺南一中，與三百年前的先祖相會。沈光文來臺後，將重心放在教育上，成為後代尊敬的「臺灣孔子」。沈榮麟同樣投身教育，宛如延續傳道的家風。

漂流臺灣三十年，沈光文有一半的時間都在善化。季麒光曾言，「臺灣無文也，斯庵來而始有文矣。」「斯庵」是沈光文的雅號，此話讚譽沈光文是開拓臺灣文化的第一人。善化地區的人民為了紀念這位撰寫海東文獻的始祖，不僅設立紀念碑，還在慶安宮設置他的紀念廳，並與五文昌合祀，讓該宮成為全臺唯一的「六昌廟」，足見沈光文在眾人心中的非凡地位。

2011 年，許文龍親塑的沈光文銅像於臺南孔廟文化節亮相，感念他對於啟迪民智的貢獻，而後移至善化慶安宮內的「沈光文紀念廳」。（鄭凱騰攝）

臺南市善化區慶安宮。（鄭凱騰攝）

2020 年，寬仕工業、深緣及水有限公司董事長林昭圍先生，取得奇美文化基金會的授權，複製了三座沈光文銅像，將其中一座捐贈給他的母校臺南一中，另外兩座則分別捐贈並設置於善化慶安宮以及善化深緣及水善糖文化園區。（紀慶玟提供）

臺南市善化區深緣及水善糖文化園區內的沈光文銅像。（紀慶玟提供）

西川滿

# 拜媽祖、寫民間小說，更是講究的裝幀教主

西川滿被後世形容為是一位孤傲的美學家，但他窮一生之力，大量以臺灣風土民俗為題材進行文學創作，以及講究裝幀藝術，將臺灣的「造書」拉升到全新層次，對後世的文藝工作者帶來很大的啟發。

臺灣版畫插畫家洪福田曾撰文稱讚西川滿「一生多以『臺灣』為題材創作，亦是首位將民俗版印納入裝幀設計者，為臺灣裝幀藝術史拉開華麗的序幕」，認為他是「比臺灣還臺灣的人物」。

## 鍾愛民俗文化，寫成奇異小說

一九〇八年生於日本會津若松市的西川滿，是家中長男。三歲時全家遷居臺灣，七歲搬到大稻埕，彼時綿延的火車鐵道，和在地年年舉辦的城隍祭典，讓年幼的西川滿留下深刻印象，也成為後來寫作的重要養分。

帶著圓框眼鏡，面目清秀的他，是早慧的英才。西川滿祖父曾擔任若松市的市長，父親西川純來臺後曾任職臺北市議員，有一說是西川滿為了反抗嚴格的家庭氣氛，因此特別醉心於唯美的文學。

他就讀臺灣總督府臺北中學校（即今日的建國中學）時期，已經開始投稿、創辦雜誌，並與後來長年合作的畫家夥伴宮田彌太郎成為摯交。之後返日就讀早稻田大學法文系，畢業時系主任吉江喬松一句「為地方文學主義貢獻一生吧」，讓他決心回到臺灣。一九三四年進入臺灣日日新報社主編文藝版，同年成立媽祖書房，刊行《媽祖》雜誌，又創設臺灣詩人協會，集結眾多日人作家，發行《文藝臺灣》，成為日治末期島內的文壇領袖。

西川滿的創作橫跨小說、散文詩、兒童文學等不同領域，最大特色是融合民間元素，像是華人的風水信仰、劉銘傳時代開鑿鐵路的歷程、拜拜使用的金銀紙等，並以浪漫奇詭的筆法書寫。這當然和大學時期受到的法國浪漫主義文學教育有關，但另一方面，也反映對這座南方島嶼的熱愛。據說他戰後回到日本，家中甚至供奉著媽祖神像。其代表作之一《赤嵌記》，便是以鄭成功家族為主角所撰寫之歷史小說，獲得臺灣總督府頒發的第一屆「臺灣文化賞」。生肖屬猴的他，還曾翻譯改寫《西遊記》，並在臺日兩地都迅速銷售一空。

## 最細微處也較真，創立高標準美學

然而，西川滿和其他文人最大的區別，是對裝幀品味的堅持。

宮田彌太郎曾在「詩集《媽祖祭》閑話」一文提及，世上喜好文學的雅士何其多，但從文章到印刷每一個步驟都講究的人，就不多了。西川滿是後者。每一頁字體的粗細、排法、逗句點的打法、紙張的選擇，都用盡心思。

當然，這種對美的自負和執著，不是所有人都能照單全收，但宮田彌太郎景仰這種才華，總是配合書籍內容繪製版畫，並形容西川滿像是一個把訂單寫得極為詳盡的客戶，自己則不過是按照訂單，把糕餅製作出來而已。

從《媽祖祭》便能一窺端倪。這不但是西川滿首部公開發行的詩集，以媽祖祭、城隍爺祭典等民間信仰為主題，封面也「臺味」十足──鮮豔的線條勾勒出一尊笑吟吟的門神，搭配宛如宗教符紙字體的書法標題。內頁則選用日本土佐仙花紙，呈現獨特的印刷質感。

正式刊行時，還分成封面為紙或布兩種不同的版本，非常講究。包括《媽祖祭》在內，西川滿的作品往往以限量形式販售，從數十部到上百部不等，更增加其珍貴性。

即便到了戰後，西川滿被迫放棄一切遣送回日本，和家人過著清貧的生活，也始終創作不輟，發表關於臺灣的作品。甚至曾發動文壇聯署，庇護因二二八事件逃到日本的臺灣青年。對西川滿而言，臺灣才是真正的家鄉。

臺灣藏書票協會創會理事長潘元石曾為文描述一九八六年赴日拜訪西川滿

時，對方念念不忘將近半世紀前，留宿臺南四春園旅館時，如何幽靜舒適，服務親切。前後三十多年在寶島的日子，是西川滿一生中最璀璨的時光。

許文龍曾說，同樣是一張紙，圖畫比股票更值錢，「文藝、文化這些東西對人的生活是很重要的。」比起死守上課所教，不如多讀課外書，培養對美學的敏銳度，人文修養比考高分更重要。這也是為什麼，他非常欣賞西川滿看似不務正業，卻對後代有莫大啟迪的作為。

一九九六年，在學者張良澤的引介之下，西川滿同意將其個人畢生的創作和收藏交付真理大學的臺灣文學資料館。許文龍親塑的一尊西川滿銅像，如今也一併放置在陳列室中，讓參觀者能看見他晚年的容貌，懷想他在臺灣文學和裝幀立下的美學標竿。

許文龍親塑的西川滿銅像，目前收藏於真理大學臺南麻豆校區的臺灣文學資料館西川滿文物室。（紀慶玟提供）

許文龍先生作品

真理大學「臺灣文學資料館」為目前收藏、展示及研究西川滿作品最重要的機構。2012 年，許文龍親塑並致贈胸像，收藏於館內。（資料來源：真理大學臺灣文學資料館；紀慶玟提供）

鄧雨賢

# 一首望春風，拉開臺灣流行樂史序幕

就算沒聽過鄧雨賢的名字，也一定聽過〈望春風〉。這首家喻戶曉的國民歌曲，描述少女想談戀愛卻又害羞的心情，旋律優美好記，數十年來傳唱無數。而這首歌正是出自鄧雨賢之手。

除了〈望春風〉，他還寫出〈雨夜花〉、〈月夜愁〉等名曲，一生創作近百首曲目，而且絕大多數是流行歌，被譽為「臺灣歌謠之父」。在此之前，臺灣民間休閒娛樂多以歌仔戲曲為主，鄧雨賢的作品標誌著臺灣流行音樂的濫觴。

他曾直言：「藝術家應該和大眾更緊密的結合在一起。」不論音樂、繪畫、

文學，都不應孤芳自賞，高高在上。身為音樂工作者，他身體力行，不但採集民間歌謠，也致力將臺灣戲曲融入流行音樂。認真專業的態度，使其備受讚譽。

文史工作者楊國鑫曾如此評價：「（鄧雨賢）作音樂是為了要和大眾一起來欣賞，有了這態度，他就會去參考他身邊人物的情感，把這些元素放進曲子裡。為什麼我們會覺得他的曲子代表這塊土地、這些人民，跟他的態度有關。」

其音樂的渲染力甚至跨越地域、族群、時空。二〇〇二年，世界三大男高音之一多明哥（José Plácido Domingo Embil）來臺獻唱時，便以〈雨夜花〉作為壓軸。知名華語男歌手陶喆，也曾重新填詞翻唱〈望春風〉，可見這些曲子即便跨越世紀，依舊受人喜愛。

## 無時無刻不想音樂

三十九歲即因心肺疾病逝世的鄧雨賢，在短暫的人生中，能譜寫出大量動人心弦的樂曲，和他本身的自律與全心投入有關。

他的大兒子鄧仁輔曾形容，父親自我要求高又略帶神經質，寫信只要有錯字，一定揉掉重寫，對於音樂更是到了瘋狂的地步，靈感湧現時，可以立刻放下飯菜，信手拈來樂器把曲子完成，還會請朋友和自己提供心得意見。次子鄧仁侃則回憶，父親如廁時會把門板當樂器不停地敲，專心到讓其他人差點來不及上廁所。種種趣談，生動地呈現出這位奇葩作曲者，多麼地熱愛寫歌。

鄧雨賢出生書香世家。曾祖父和祖父輩，一共出了三位秀才，有「一門三秀才」之稱。家風嚴謹，強調以教育為職志，這對鄧雨賢產生了很大的影響。

他從小接觸戲曲和民間樂團，但真正的音樂啟蒙，是十五歲考進臺灣總督府臺北師範學校（今國立臺北教育大學），在音樂老師一條慎三郎的教導下，學習西洋的音樂理論，並開始接觸鋼琴和小提琴等樂器。

畢業後，按捺不住對音樂的熱愛，辭去教職並遠赴日本學習作曲，返臺後隔年，進入文聲唱片公司，開始透過作曲嶄露頭角，並因此獲得規模最大的唱片公司古倫美亞（Columbia）挖角成為專屬作曲家。一九三三年，二十八歲的他正式開啟黃金創作期，〈望春風〉、〈雨夜花〉、〈月夜愁〉、〈跳舞時代〉

都是那段時期寫下的名曲。

值得一提的是，鄧雨賢加入古倫美亞時，恰好是電影開始有宣傳主題曲的時代。唱片公司會根據電影內容創作曲目，而這個責任就落到了鄧雨賢的肩上，他替電影《一個紅蛋》寫的同名宣傳歌曲大受歡迎，公司還帶他去東京錄音。此時島內正掀起臺灣新文學運動，「藝術大眾化」成為藝文界的主流風潮，讓鄧雨賢的地位更加重要，一度成為歌壇上的作曲四大金剛之一，站上職涯的巔峰。

## 名曲多次遭改編，只因旋律太好記

無奈好景不常。一九三七年中日戰爭爆發，皇民化運動施行，臺語遭禁，鄧雨賢想再度前往日本尋求工作機會，卻因女兒染疾病逝而倉促返臺，之後一直和妻子一同在新竹芎林公學校任教。雖然離開歌壇中心，他依舊不斷創作，並從生活中取材，例如為了慶祝在地神社落成而寫出〈芎林小唄〉，還組織交響樂團並提供指導。

即便獲得日籍校長的倚重，鄧雨賢從未忘記自己的根。當日本人發現鄧雨賢的曲子感染力極強、幾乎人人傳唱的時候，便將之改編成倡導愛國主義的日語軍歌，讓鄧雨賢十分心痛。被迫改成日本名字時，他選擇「東田曉雨」，只因「東田」讀音近似漢語的「鄧」，而「曉雨」則呼應原本漢名的「雨」。

熱愛藝術的許文龍，曾引用俄國文學家托爾斯泰的話：「藝術不是為了服務少數人癖好的審美活動。」比起曲高和寡，能感動多數人的音樂，才能替大眾帶來喜悅。也因此，許文龍經常在公眾場合演奏鄧雨賢的曲子，因為這些旋律連結人和土地的情感，特別是幾首經典作品，「就像臺灣歌謠的春雨，滋潤、撫慰、淨化咱的心靈。」

〈望春風〉不只是跨洋成為日本軍曲，中國大陸亦有歌手演唱。臺灣在戒嚴時期，黨外的集會上也經常哼唱，還成為臺灣大學的地下校歌。甚至連基督教長老教會也曾重新填詞。儘管背後出於不同原因，卻在在印證他寫出的曲調是如此平易近人、扣人心弦。

許文龍為了紀念，曾繪製一幅鄧雨賢的畫像，之後又塑造其銅像送給新竹縣政府。走進鄧雨賢音樂文化公園，便能看見銅像置放其中。能一邊漫步林間，一邊哼唱多首經典曲目，重溫其音樂魅力。

2008.

2006 年，許文龍到新竹縣芎林鄉文林閣參觀鄧雨賢作曲手稿和照片，現場彈奏鄧雨賢先生系列音樂作品，超越時空與音樂大師神遊。為了感念鄧雨賢創作出充滿臺灣特有情調的旋律供後代賞析、聆聽。因此，特地親繪鄧雨賢畫像向這位臺灣民謠之父致敬，並於 2008 年將其畫作致贈給桃園縣客家文化館典藏。2012 年，許文龍進一步親塑鄧雨賢銅像，致贈給新竹縣政府，一座設置於芎林鄉的「鄧雨賢音樂文化紀念園區」，另一座則於竹北市新瓦屋客家文化保存區常設展出。（資料來源：紀慶玟提供）

鄧雨賢生平介紹

新竹對於一代音樂家致意的方式，是設立「鄧雨賢音樂文化紀念園區」。位於新竹縣芎林鄉文山路 131 巷附近、新竹 121 縣道 8 公里處的園區，本來是國軍 807 野戰醫院，部隊撤離後曾荒廢一段時日。占地五千坪的音樂文化園區在 2004 年動工，隔年完工，300 坪的露天音樂舞臺與紀念亭鄧雨賢老照片、手稿圖檔是園區的焦點。（資料來源：新竹縣政府交通旅遊處；林訓豪攝）

右：設置於鄧雨賢音樂文化紀念園區一隅的鄧雨賢銅像。（林訓豪攝）

左：新瓦屋客家文化保存區於 2005 設立，為臺灣第一個客家文化保存區，現由新竹縣政府文化局管理。2020 年，文化局結合「新瓦屋」與「鄧雨賢」兩大主題，將空間命名為「新瓦屋故事館」，介紹新瓦屋聚落起源與林姓家族故事，回顧在竹縣作育英才的臺灣歌謠之父鄧雨賢生活篇章。（資料來源：新竹縣政府文化局；林訓豪攝）

上：許文龍與鄧雨賢的次子鄧仁侃先生合影。
下：許文龍親塑的鄧雨賢銅像。（資料來源：新竹縣政府文化局；林訓豪攝）

「鄧雨賢影音館」開幕當天，許文龍不僅到場贈送親塑的鄧雨賢銅像，還帶領樂團現場演奏其經典樂曲，向這位對臺灣民謠音樂影響深遠的藝術家致上敬意。（林訓豪攝）

奉獻一生的

# 奇美精神

許文龍

# 捏銅像作為一種感謝

人人都知道奇美實業的創辦人許文龍，一生熱愛藝術，晚年不惜花費鉅資成立奇美博物館，展出上萬件西洋藝術品，每年吸引數十萬民眾前往參觀。

但少有人知道，許文龍不但喜愛收藏藝術，還是一位雕塑家，而且特別喜愛做人像。每當聽聞對臺灣有貢獻的先人事蹟，總讓他心生感激，接著就想親自捏塑一座對方的頭像，表示尊敬。

雖然起源於興趣，但從二〇〇四一直到二〇一六，前後十三年的光景，許文龍總計捏了十九座先人雕像，儼然成為一個系列。先人們生長的年代，從明末一直跨越到國民政府來臺，時間上，和臺灣從荒涼島嶼一路蛻變成現代化國

家的進程彼此疊合。

正因為有這群先人的捨身，從各領域，一點一滴注入先進的觀念和技術，才讓蕞爾之地得以繁茂。臺灣不再是人人避之唯恐不及的瘴癘之島，而是擁有紮實基礎建設，文明富裕的國家。

## 有能力的人，要幫助沒能力的人

從許文龍製作銅像的對象，不難看出他個人的理念。

他曾說：「有能力者要讓無能力者占便宜，有錢的要讓沒錢的占便宜，世界才會和平。」

換句話說，政府懂得照顧弱勢，民間有能者懂得分享成功果實，社會才能和諧進步。

因此，那些擁有傑出才能，卻不自私，反而投注一生精力替大眾謀福祉的人，最能贏得他的敬重。

例如，這十九座先人雕像中，打造臺南供水系統的濱野彌四郎，設計嘉南大圳的八田與一，在屏東鑿地下水庫的鳥居信平，還有操刀白冷圳的磯田謙雄，全都是畢業自東京帝大的高材生，卻比誰都吃苦耐勞，不論田野調查或工程指導，總是親力親為，患病了也不怕。磨上幾千個日子，解決大眾及農業用水的問題，替臺灣打下基礎。

產業方面，新渡戶稻造的糖業政策建議書，新井耕吉郎死守的魚池鄉茶園，磯永吉和末永仁研發出名響國際的蓬萊米，更幫助臺灣農業走到世界前線，累積足夠的競爭力。

他們人生的精華期都在臺灣，已經把這裡當家，也同理臺灣人的處境。例如磯永吉會替臺灣農民向軍方溝通不合理的徵收政策，臺灣傳染病研究先驅羽鳥重郎，更在離開總督府的職務後，依舊留在花蓮開診所治病。

宗教的力量也很可觀。馬雅各，甘為霖，以及林澄輝與林鄧璐德夫妻，都在神的指引下抵達臺灣。雖然有宣教目的，但他們甘願冒著被漢人和原住民攻擊的風險，病痛的侵襲，無悔付出關愛，並帶入最尖端的醫療技術，救助苦難人，最後甚至連家產都捐了。其中的困頓和犧牲，外人難以想像。

還有一類人，是不害怕極權，即便遭受政治迫害也勇於發聲。追求鄒族自治的高一生，批判政府的柯旗化，以及不惜自焚抗議臺籍老兵權益遭漠視的許昭榮，都是許文龍心中「為人所不能為」的烈士。入獄多麼可怖，還會牽連家人，但就算走到這地步，都不願放棄追求公平正義，這些人的心中宛如有一把熾熱的火焰，帶領他們面對黑暗。

許文龍在世時也不避諱批評臺灣政府。他認為政府的好壞，端看能替人民帶來多大幸福？政府應該支持民間的自由發展，而非把持權力，魚肉百姓。

當然，他不會忘了悼念在藝文領域有所建樹的先人。首創漢人在臺結詩社的沈光文，雖是日本人卻醉心臺灣民俗文化的西川滿，都在文學領域啟蒙後代。鄧雨賢則以音樂留名，而且不走曲高和寡的路線，寫下好幾首傳唱千里、跨越國境的金曲。

這正是許文龍主張的：藝術應該源自於生活，回歸於大眾。老嫗能解的創作，才能真正觸動多數人的心，進而提升全體人民的文化素養。一步步讓臺灣從土富，變成更有涵養的國家。

## 善待眾人，實踐自我

許文龍敬重替大眾謀求更好生活的先人，自己也朝這個方向邁進。身為臺灣知名的創業家，許文龍不留戀名聲和地位。他覺得，任何企業都有關門的一天，做人要懂得尊敬自然，知道人類的渺小，才能活得自由自在。行有餘力就回饋社會，包括奇美博物館和奇美醫院，都是在這樣的想法下誕生的。

許文龍是臺南人。一九二八年生，從小和家人一起住在臺南貧民區神農街。父親原本是漢文老師，卻遭公司辭退，一家人全靠母親洗衣賺取收入，相當清寒。

但母親的樂觀影響了他。即便年輕時身體瘦弱，成績慘淡，許文龍未曾妄自菲薄，反而活用靈光的腦袋，十七、八歲就創業，從塑膠品和玩具加工起家。三十二歲，他成立奇美實業。透過技術升級，奇美生產的ＡＢＳ（工程性塑膠）傾銷世界，成為全球最大的ＡＢＳ供應商。他也一躍成為舉世聞名的富商。

龐大的財富沒有沖昏他。許文龍四十五歲就交棒總經理的位置，除了每週花五天釣魚以外，也花很多心思，把賺的錢拿來造福人群。

比方說，他很善待員工。即使基層的守衛、女工，也能分到公司股票。他認為員工開心，大家立場一致，公司才走得長遠。上下游合作廠商亦同，他懂得讓利，明明能賺一百元，卻選擇只賺八十元，留二十元給別人，建立長期合作，把對立轉成互惠。

他承接臺南要倒閉的逢甲醫院，改名奇美醫院。一方面降低醫療費，另一方面開出百萬月薪請來最好的醫生，打造最友善病患的治療環境。

奇美博物館則是一生願望的集大成。從小家貧無法走藝術路，長大後有能力收藏名琴、名畫，許文龍不藏私，全部展出在這棟博物館，歡迎大家天天來看，歐巴桑、歐吉桑天氣熱要來吹冷氣都可以。

這些看起來都是虧本的事，但許文龍不在意。他不怕失敗，也不怕歸零，

「事業失敗有什麼關係?大不了去菜市場賣魚。」事後證明，他不僅事業有成，公益活動也令民眾有感。奇美博物館至今都是臺南最熱門的景點之一。

到了晚年，他更潛心在熱愛的藝術活動中，學畫也學雕塑。

他喜愛提琴，就捏了拉提琴的女孩。也臨摹一座取材自希臘神話信息女神的雕塑作品，取名「榮耀天使」：一位使者手持號角和桂冠，象徵榮耀和光輝。此作先是贈予奇美醫院，之後又製作放大版，置於奇美博物館建築圓頂上方，意味上天守護這裡的一切人、事、物。

他也曾應臺南美術會的邀請，捏製自塑像。雕像收著下巴，眉頭微蹙，像在思索什麼事情的樣子，是他觀看自我的樣貌。若將他的自塑像納入，加上十九座先人銅像，總計剛好二十座，是許文龍留下的珍貴記憶。

「捏銅像時好像在跟他（先人）對話。一直捏一直捏，捏的不好就跟他道歉。那個氣氛很好。」許文龍笑呵呵的說。

這是一種真摯感謝，也是一種自我實踐。放下人生重擔的許文龍，在晚年悠遊的創作時光中，獲得了最大的快樂。

奇美博物館建築圓頂上方的榮耀天使銅像，為許文龍臨摹自法國雕塑家路易・巴里亞斯（Louis-Ernest Barrias）的「名譽之寓言」（The Allegory of Fame）。奇美藝術獎從第 23 屆開始的獎座，也改用此榮耀天使的形象，鼓勵得獎者爭取榮譽，使藝術永存。（資料來源：奇美博物館；鄭凱騰攝）

位於臺灣臺南市仁德區的奇美博物館新館舍，2015 年 1 月 1 日正式啟用營運，是目前臺灣館藏最豐富的私立博物館、美術館。（鄭凱騰攝）

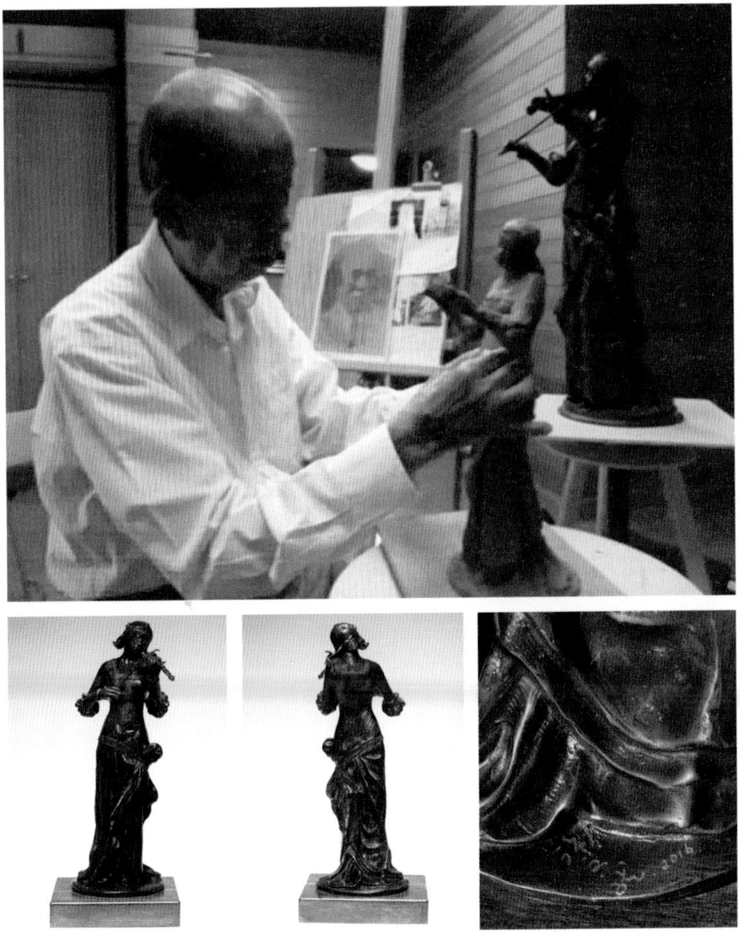

許文龍親塑的銅像作品「拉小提琴的女孩」，展現了他對於藝術與音樂的熱愛。
（紀慶玟提供）

此雕像作品為許文龍臨摹自義大利雕塑家賈科莫・吉諾蒂（Giacomo Ginotti）的「女囚」（Slave），作為第 19-22 屆奇美藝術獎的獎座，用囚困的形體，象徵藝術創作中追求自由的歷程。（紀慶玟提供）

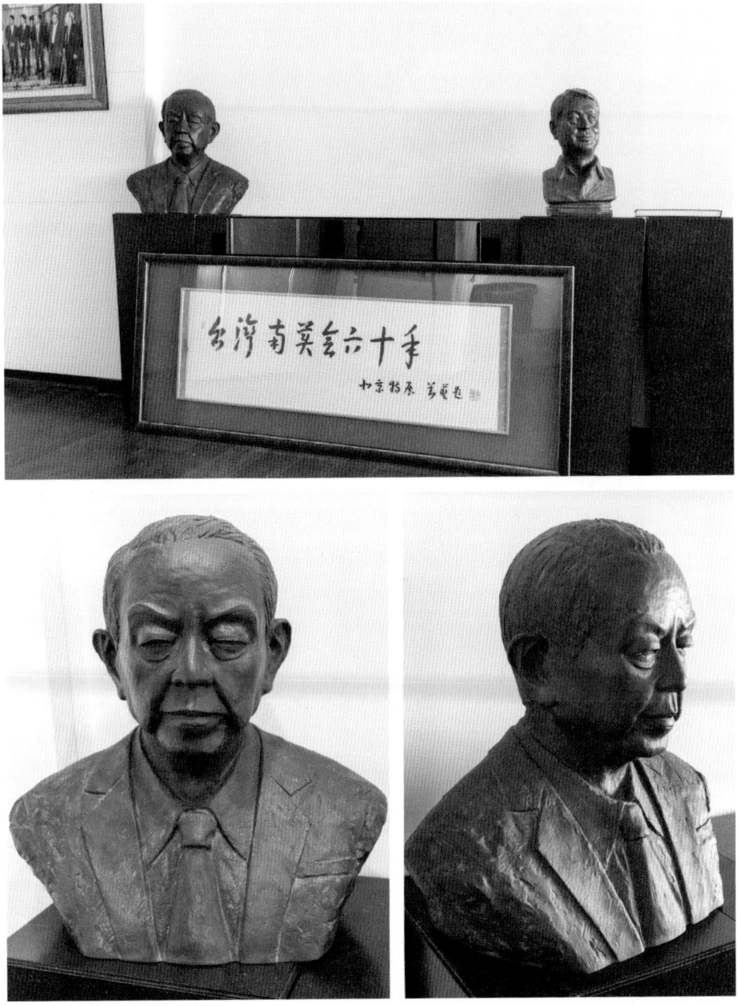

許文龍分別於 2010 年及 2015 年捏做自塑像，一座收藏於奇美博物館，另一座則是當初應臺南美術會的策劃，以榮譽顧問的身分展出自塑像，並於展覽結束後將銅像捐給南美會。（鄭凱騰攝）

當有朋友問他：「有人說你是創業家，也有人稱你為慈善家，你怎麼看自己呢？」他告訴朋友：「我是一個保管小提琴的人。」外界認為他是成功的企業家，但他只覺得自己是個熱愛文化藝術的平凡人。（資料來源：林佳龍《零與無限大》；照片提供：紀慶玟）

# 附　錄

# 許文龍雕像作品（歷史人物）創作年表

| No. | 年份 | 名稱 | 存放地 |
| --- | --- | --- | --- |
| 1 | 二〇〇四年 | 濱野彌四郎 | 臺南山上花園水道博物館<br>臺南長榮大學<br>日本千葉縣濱野彌四郎故鄉 |
| 2 | 二〇〇五年 | 新井耕吉郎 | 臺南奇美博物館<br>南投茶業改良場魚池分場茶業文化展示館<br>南投日月潭國家風景區管理處<br>日本群馬縣沼田市新井耕吉郎故鄉 |
| 3 | 二〇〇五年 | 鳥居信平 | 臺南奇美博物館<br>屏東縣政府<br>屏東科技大學<br>屏東糖廠歷史公園及農機具展陳區<br>屏東縣來義鄉喜樂發發吾森林公園<br>屏東縣潮州鎮林後四林平地森林公園<br>日本靜岡縣袋井市鳥居信平故鄉 |

| No. | 年份 | 名稱 | 存放地 |
|---|---|---|---|
| 4 | 二〇〇六年 | 柯旗化 | 高雄第一出版社／柯旗化故居 |
| 5 | 二〇一〇年 | 新渡戶稻造 | 臺南奇美博物館<br>花蓮臺灣糖業花東區處（原花糖文物館）<br>高雄市橋頭區橋頭糖廠<br>加拿大新渡戶稻造紀念花園<br>日本岩手縣盛岡市新渡戶稻造故鄉 |
| 6 | 二〇一一年 | 八田與一 | 臺南嘉南國小<br>臺南烏山頭水庫（協助修復雕像頭部）<br>新北國立瑞芳高工八田樓<br>日本石川縣金澤市八田與一故鄉（金澤故鄉偉人館、金澤市立花園小學校） |
| 7 | 二〇一一年 | 馬雅各 | 臺南新樓醫院<br>臺南太平境馬雅各紀念教會<br>臺南岡林教會 |
| 8 | 二〇一一年 | 甘為霖 | 臺南大學附屬啟聰學校<br>臺南神學院 |

| No. | 年份 | 名稱 | 存放地 |
| --- | --- | --- | --- |
| 9 | 二〇一一年 | 沈光文 | 臺南一中<br>臺南善化慶安宮<br>臺南善糖文化園區 |
| 10 | 二〇一一年 | 磯永吉 | 臺北臺灣大學磯小屋<br>陽明山國家公園竹子湖蓬萊米原種田故事館 |
| 11 | 二〇一二年 | 末永仁 | 臺北臺灣大學磯小屋<br>陽明山國家公園竹子湖蓬萊米原種田故事館 |
| 12 | 二〇一二年 | 許昭榮 | 高雄戰爭與和平紀念公園主題館 |
| 13 | 二〇一二年 | 西川滿 | 臺南真理大學臺灣文學資料館西川滿文物室 |
| 14 | 二〇一二年 | 鄧雨賢 | 新竹鄧雨賢音樂紀念公園<br>新竹新瓦屋客家文化保存區<br>臺北日新國小 |
| 15 | 二〇一三年 | 磯田謙雄 | 臺中新社九渠溝滯洪池（白冷圳下游）<br>日本石川縣金澤市磯田謙雄故鄉（金澤市城南公民館） |
| 16 | 二〇一四年 | 高一生 | 高一生後人高英傑住所 |

| No. | 年份 | 名稱 | 存放地 |
| --- | --- | --- | --- |
| 17 | 二〇一五年 | 林澄輝 | 臺南恩惠文教基金會<br>臺南市私立林澄輝社會福利慈善事業基金會 |
| 18 | 二〇一五年 | 林鄧璐德 | 臺南恩惠文教基金會<br>臺南市私立林澄輝社會福利慈善事業基金會 |
| 19 | 二〇一五年 | 許文龍自塑像 | 臺南奇美博物館<br>臺南南美會 |
| 20 | 二〇一六年 | 羽鳥重郎 | 花蓮秋朝咖啡館<br>日本群馬縣前橋市羽鳥重郎故鄉 |

本書參考資料

釀時代40　PH0302

# 走進許文龍的雕塑世界

總 策 畫　林佳龍
顧　　問　紀慶玟
採　　訪　文以崴
文　　字　歐陽辰柔
責任編輯　洪聖翔
助理編輯　翁翊寧、陳偉豪
編輯顧問　李明峻、謝敏芳
圖文排版　楊家齊
封面設計　王嵩賀

出版策劃　釀出版
製作發行　秀威資訊科技股份有限公司
114 台北市內湖區瑞光路76巷65號1樓
電話：+886-2-2796-3638　傳真：+886-2-2796-1377
服務信箱：service@showwe.com.tw
http://www.showwe.com.tw
郵政劃撥　19563868　戶名：秀威資訊科技股份有限公司
展售門市　國家書店【松江門市】
104 台北市中山區松江路209號1樓
電話：+886-2-2518-0207　傳真：+886-2-2518-0778
網路訂購　秀威網路書店：https://store.showwe.tw
國家網路書店：https://www.govbooks.com.tw
法律顧問　毛國樑　律師
總 經 銷　聯合發行股份有限公司
231新北市新店區寶橋路235巷6弄6號4F
電話：+886-2-2917-8022　傳真：+886-2-2915-6275

出版日期　2024年11月　BOD一版
定　　價　450元



讀者回函卡

**Printed in Taiwan**

國家圖書館出版品預行編目

走進許文龍的雕塑世界 / 秀威資訊編輯. -- 一版. --
臺北市 : 釀出版, 2024.11
面；　公分. -- (釀時代 ; 40)
BOD版
ISBN 978-626-412-036-4(平裝)

1. CST: 人物志　2. CST: 雕塑　3. CST: 作品集

781　　113016937